PORTUGUESE

Manuela Cook has two degrees in Letters from the University of Coimbra, Portugal, and a postgraduate Certificate in Education from Birmingham University. She has wide experience in teaching in secondary, further, higher and adult education and is a lecturer in Portuguese at Wolverhampton Polytechnic and other Institutions. She is also an examiner in Portuguese for the Institute of Linguists and for the London Chamber of Commerce.

TEACH YOURSELF BOOKS

An audio-cassette has been produced to accompany this course and is available separately via all good bookshops or, in case of difficulty, direct from the publishers.

For further details please write to the publishers at the address given on page iv, enclosing an SAE and quoting Teach Yourself Books (Dept. P/Cass.).

PORTUGUESE

Manuela Cook

Advisory Editor: Paul Coggle
Institute of Languages and Linguistics
University of Kent at Canterbury

TEACH YOURSELF BOOKS
Hodder and Stoughton

**Grateful thanks to my parents, with whom I learned to
appreciate the Portuguese language, and to my husband and
daughter, for their support and understanding.**

M.C.

First published 1987
Fifth impression 1991
Reissued 1992

ISBN 0 340 41231 3

*Printed and bound in Great Britain
for Hodder and Stoughton Educational,
a division of Hodder and Stoughton Ltd,
Mill Road, Dunton Green, Sevenoaks, Kent,
by Clays Ltd, St Ives plc*

Typeset by Macmillan India Ltd, Bangalore 25

Contents

Introduction

This is a course for beginners and requires no previous knowledge of the language.

The language presented in the course is the Standard Portuguese used throughout the Portuguese-speaking world, and you will also be able to become familiar with the particular aspects of Portuguese as used in Brazil.

The aim of the course is to enable you to understand and communicate in everyday situations such as finding your way around, staying at an hotel, shopping, using public transport or driving a car, eating and drinking, going to a bank or post-office, making a telephone call, seeking help if things go wrong, pursuing your interests and hobbies, and socialising and making friends. You should also be able to understand the written language and be able to write simple letters.

Pronunciation: In the pronunciation guide on pp. 5–13 you can learn the Portuguese sounds and their Brazilian variants. English (and some French) sound-alikes are incorporated to help you.

How to Work on Each Unit

Each unit concentrates on a particular set of topics and on a few specific language functions.

Diálogos: A unit begins with two short dialogues or one longer dialogue. The dialogues introduce the main language features to be studied. No new language features are introduced in the last unit which contains material for overall revision of structures and for lexical expansion. In each unit, start by studying the initial dialogue(s) with the help of the boxed vocabulary. Then do Exercises 1 and 2 which test your understanding of the dialogue(s). Check your answers against the Key at the end of the book.

Comentário: These notes amplify the theme of the dialogue(s) and provide related background information. Read them carefully. Do the **Trabalhos Práticos** as you come across them. They are simple tasks that give you practice on the material presented and will widen your scope. Answers to these questions do not appear in the Key to the Exercises as they are usually self-evident.

Gramática: Read the notes carefully and do the respective **Exercícios** as you go along. The Exercises practise and reinforce the grammatical points covered and introduce new vocabulary. They also give you an opportunity to test your progress. Always write your answers and check them against the Key at the end of the book. If they are not right, go back and read again the preceding notes. As in the Comentário, do the *Trabalhos Práticos* as you come across them.

Prova de Compreensão: The comprehension test is based on either a prose passage or a dialogue in Portuguese. You are not expected to understand every single word but you should be able to grasp enough information to answer the questions in English.

Appendices: Here you will find an easy-reference table of endings for all regular verbs, and information on irregular and other special verbs.

Index: The index on Grammar and 'problem words' will refer you to particular points dealt with in the notes throughout the book.

The Cassette

The cassette contains both the dialogue(s) at the beginning of each unit and the comprehension at the end of each unit.

Although the course is self-contained and can be worked through without any additional aids, the use of the cassette will enhance your learning, as follows:
(a) As a pronunciation guide for the Portuguese sounds in general and the initial dialogue(s) in each unit.
(b) As a means of adding an extra challenge to the comprehension test.
(c) For revision work. You can listen to the initial dialogue(s) and do the respective exercises without looking at the text. This will be a valid contribution in checking how well you can understand the spoken Portuguese.

The Portuguese of Brazil

Brazilian Portuguese differs from 'Standard' Portuguese much in the same way that American English differs from 'Standard' English.

Pronunciation and spelling: The accent is different but the sounds are basically the same. Any relevant variants are pointed out in the pronunciation guide.

Overall uniformity in spelling was established in 1945 by an agreement signed between Portugal and Brazil and known as Acordo Ortográfico Luso-Brasileiro. There are, however, still some minimal but relevant differences, which will be explained to you at the end of the pronunciation guide.

Grammar: There are only a few significant differences, particularly in verbal forms and pronouns. These are dealt with in the grammar notes in the units.

Vocabulary: In some cases a different word is used: e.g., **comboio**, in Portuguese, and **trem**, in Brazilian Portuguese, for *train*. Lexical alternatives are, however, not always mutually exclusive. For example, **de nada** circulates on both sides of the Atlantic as *not at all*, but Brazilians also like the phrase **não por isso** with the same meaning. Brazilianisms will appear in the vocabulary lists and in the commentary sections whenever required. The abbreviation Br. is used to indicate a Brazilianism.

Pronunciation

Stress and Accentuation

Portuguese words in general are stressed on the penultimate syllable:

passa'porte (*passport*)

The chief constituent, or centre, of the syllable is a vowel element:

passa'porte

In words which do not end in a single vowel – **a, e, o** – the stress usually falls on the last syllable:

ho'tel (*hotel*) **esta'ção** (*station*)

Words which are exceptions to the above stress rules usually bear a written accent:

al'fândega (*customs*)

In Portugal, contrast between stressed and unstressed syllables is sharp. There is a tendency to linger on the stressed syllable and glide over the intermediate sounds. As a result, unstressed vowels become 'neutralized'. Final **e** tends to disappear.

Brazilian stress and intonation (rise and fall of voice) are more evenly spaced out, so a secondary stress often emerges in a single word:

humani'dade (*mankind*)
hum'ani'dade (Br.)

Portuguese Sounds

The chart on pp. 5–13 will introduce you to Portuguese sounds.

In the first column you will see a letter or group of letters as used in normal spelling. The sound that letter (or group of letters) stands for is visually represented in the second column by a phonetic symbol from the International Phonetic Alphabet. You needn't worry if you are not familiar with phonetic symbols. Just move on to the third column. It compares the Portuguese sound with an English sound. In some cases a French sound-alike is given too. The fourth column tells you the position of the sound in the word. In the last column you will be able to see an example of a Portuguese word including the respective sound. Relevant Brazilian variants have also been entered.

Vowel Sounds

spell-ing	IPA symbol	sound-alikes	position	example
a	[a]	more open than English *a*, approaching *ah*	stressed	falo (*I speak*)
a	[ɐ]	like *a* as in *among* but longer	stressed before nasal consonant	cama (*bed*)
a	[ɑ]	between *a* and *ah*, as above, but pronounced further back in the mouth	before **l** or **u** in the same syllable	mal (*badly*)
á, à	[a]	between *a* and *ah*, as above	stressed	há (*there is*)
â	[a]	like *a* in *among*, as above	stressed	Câmara (*town-hall*)
a	[ɐ]	like *a* in *among*	unstressed, at the end of a word, and elsewhere	mala (*suitcase*) falamos (*we speak*)
e	[ɛ]	like *e* in *tell*	stressed	perto (*near*) ela (*she*)
e	[e]	like *ey* in *they* but without the final glide (like the French word *et*)	stressed (in some cases) due to the origin of the word and/or the influence of the surrounding sounds	comer (*to eat*) ele (*he*)
é	[ɛ]	like *e* in *tell*	stressed	café (*coffee*)

ê	[e]	like *ey*, as above	stressed	**mês** (*month*)
e	[ɪ]	like *i* in *cigarette*	unstressed, at the beginning of a word	**está** (*it is*)
e	[ə]	like *e* in *butter*, or disappears	P. unstressed, at the end of a word, and elsewhere	**noite** (*night*)
	[i]		Br. unstressed, at the end of a word, and elsewhere	**pesado** (*heavy*)
i	[i]	like *ee* in *meet*	stressed	**dizer** (*to say*)
i	[ɪ]	like *i* in *cigarette*	unstressed	**cigarro** (*cigarette*)
i	[I]	like *i* in *pill*	before **l** in the same syllable	**mil** (*a thousand*)
i	[i]	like *ee* in *meet*	stressed	**saí** (*I came/went out*)
i	[j]	like *y* in *yet*	before another vowel	**partiu** (*he/she/it left*)
o	[ɔ]	like *o* in *jolly*	stressed	**posso** (*I may*) **o**vos (*eggs*) **come** (*you eat*)
o	[o]	a bit like *o* in *note*; (like French *au* in *chaud*)	stressed (in some cases) due to the origin of the word and/or the influence of the surrounding sounds	**porto** (*port*) **ovo** (*egg*) **Londres** (*London*) **como** (*I eat*) **como** (*how; as*)

ó	[ɔ]	like o in jolly	stressed	próximo (next)
ô	[o]	a bit like o in note, as above	stressed	avô (grandfather)
o	[o]	a bit like o in note, as above	when followed by a	Lisboa (Lisbon)
o	[u]	like u in put	unstressed, at the end of a word and elsewhere	barco (boat) comércio (commerce)
u	[u]	a bit like oo in soon; (like French ou in où)	stressed	tudo (all)
ú	[u]	a bit like oo in soon, as above	stressed	número (number)
u	[ɫ]	a bit like oo in soon, as above	before l in the same syllable	azul (blue)
u	[w]	like w in water	before a or o	quando (when)
u	[ ]	silent	after g or q and before e or i (in general)	quero (I want)
ai	[aj]	like y in my	any position	mais (more)
au	[au]	like ow in how	any position	mau (bad)
ei	[ɐj]	like ay in pay	P. any position	direita (right)
	[ej]	like ey in they	Br. any position	

eu	[eu]	a bit like *ey* in *they* plus *oo* in *soon* (like the French word *et* plus the French spelling *ou*)	any position	**eu** (*I*) **meu** (*my, mine*)
oi	[oj]	a bit like *o* in *note* (French *au* in *chaud*) plus *y* in *yet*	any position	**dois** (*two*)
ou	[o]	a bit like *o* in *note* (like French *au* in *chaud*)	P. any position	**outro** (*another*)
	[ou]	like *o* in *note*	Br. any position	
ui	[uj]	a bit like *oo* in *soon* plus *y* in *yet*	any position, but in the word **muito** (*much; very*) it is pronounced more like *ui* in *ruin*	**fui** (*I went*)

Nasal Vowel Sounds

ã **am** **an**	[ɐ̃]	a bit like *an* in *anchor*	any position (**am**, before **p** or **b**)	**amanhã** (*tomorrow*) **ambos** (*both*) **banco** (*bank*)
am **ão**	[ɐ̃ũ]	like *ow* in *how* but nazalised, i.e., pronounced through your nose	any position [**am** in unstressed 3rd-person verbal endings]	**falam** (*they speak*) **não** (*no*)

em	[ɐ̃J]	like *ay* in *pay* but nazalised	P. end of word	**em** (*in, on*)
ãe	[ẽj]	like *ey* in *they* but nazalised	Br. any position	**mãe** (*mother*)
em	[ẽ]	like *ey* in *they* but without the final glide and nazalised	any position	**emprego** (*job*)
en				**entre** (*come/go in*)
êm	[ẽj]	the same as explained for the spelling	P. any position	**têm** (*they have*)
	[ẽj]	**em** above but the sound is repeated	Br. any position	
im	[ĩ]	like *ee* in *meet* but nazalised	any position	**sim** (*yes*)
in				**cinco** (*five*)
om	[õ]	a bit like *o* in *note* but nazalised	any position	**bom** (*good*)
on				**conta** (*bill*)
õe	[õj]	a bit like *o* in *note* plus *y* in *yet* but nazalised	any position	**lições** (*lessons*)
um	[ũ]	a bit like *oo* in *soon* but nazalised	any position	**um** (*one*)
un				**juntos** (*together*)

Consonants

| b | [b] | as in English, but softer | any position | **belo** (*beautiful*) |

c	[s]	as the English *s*	before **e** or **i**	**cem** (*a hundred*)
c	[k]	like *c* in *cat*	elsewhere	**com** (*with*)
ç	[s]	as the English *s*	any position	informação (*information*)
ch	[ʃ]	like *sh* in *show*	any position	**chave** (*key*)
d	[d]	as in English, but with tip of tongue against teeth, not gum ridge	any position	**verdade** (*truth*)
	[dj]	the same as explained for spelling **d** above, plus *y* in *yet*	but Br. before [i]	**verdade** (*truth*)
f	[f]	as in English	any position	**fácil** (*easy*)
g	[ʒ]	like *s* in *pleasure*	before **e** or **i**	**gente** (*people*)
	[g]	like *g* in *good*	elsewhere	**grande** (*large*)
h	[ ]	silent	any position	**hotel** (*hotel*)
j	[ʒ]	like *s* in *pleasure*	any position	loja (*shop*)

Letter	IPA	Description	Position	Examples
l	[ɫ]	as in English, but drawing your tongue back	at the end of syllable	sol (*sun*) almoço (*lunch*)
l	[l]	as in English	elsewhere	lanche (*snack*)
lh	[ʎ]	like *lli* in *million*	any position	trabalho (*work*)
m	[m]	as in English	at beginning of syllable	mesa (*table*)
n	[n]	as in English	at beginning of syllable	nada (*nothing*)
nh	[ɲ]	like *ni* in *onion*	any position	vinho (*wine*)
p	[p]	as in English, but softer	any position	pai (*father*)
q	[k]	as in English	any position	quatro (*four*) quente (*hot*)
	[kj]	a bit like *c* in *cat* plus *y* in *yet*	but Br. before **ue** and **ui**	quente (*hot*) quinze (*fifteen*)
r	[rr] or [ʁ]	like the rolled Scottish *r*, with multiple trill, or / like *ch* in *loch* or a very heavy English *h*	at the beginning of word	rua (*road*)
r	[r]	like the *r* in *bakery*	elsewhere	caro (*dear*)
r	[r] or [ɹ]	like the *r* in *baker* or 'swallowed'	at end of word	jantar (*dinner*)

rr	[rr] or [ʀ]	the same as explained for spelling **r** (at beginning of word) above	any position (between vowels)	carro (*car*)
s	[s]	like s in *so*	P. at the beginning of a word or after a consonant	só (*only*) observar (*to watch*)
			Br.* as above and also at the end of word or syllable	homens (*men*) esquerda (*left*)
s	[z]	like English z	P. between vowels	casa (*home*)
			Br.* as above and also before a voiced consonant	mesmo (*same*)
s	[ʃ]	like *sh* in *push*	at the end of word or syllable	homens (*men*) esquerda (*left*)
s	[ʒ]	like s in *pleasure*	before a voiced consonant	mesmo (*same*)
ss	[s]	like s in *so*	any position (between vowels)	passaporte (*passport*)
t	[t]	as in English, but with tip of tongue against teeth, not gum ridge	any position	tenho (*I have*) tive (*I had*)
	[tj]	the same as explained for spelling *t* above, plus *y* in *yet*	but Br. before [i]	tive (*I had*)

* except for Rio de Janeiro

v	[v]	as in English	any position	vago (*vacant*)
x	[ʃ]	like English *sh*	at the beginning of a word, before a consonant, and in some cases between vowels	xarope (*syrup*) caixa (*check-out*)
x	[s]	like *s* in *so*	between two vowels	próximo (*next*)
x	[z]	like English *z*	when **ex** comes before a vowel	exame (*exam*)
x	[ks]	like *x* in *taxi*	in some words	táxi (*taxi*)
z	[z]	like English *z*	at the beginning of a word and between vowels	zero (*zero*) fazer (*to do*)
			Br. except for Rio de Janeiro as above and also before a voiced consonant	Feliz Natal (*Happy Christmas*)
z	[ʃ]	like *sh* in *push*	at the end of word	feliz (*happy*)
	[s]	like *s* in *so*	Br. except for Rio de Janeiro	feliz (*happy*)
z	[ʒ]	like *s* in *pleasure*	before a voiced consonant	Feliz Natal (*Happy Christmas*)

Liaison and Elision

In the flow of speech, consecutive words are often linked together and the faster a person speaks the more this happens:

>**dois endereços**   (*two addresses*)
>[doizẽde'reʃoʃ]
>Br. [doizẽde'resos]

The final **s** in **dois** is now between vowels (see Chart of sounds).

A word ending in a vowel tends to be run together with a word beginning with a vowel:

>**De onde é?**   (*Where do you come from?*)
>['dõ'dɛ] Br. ['dõdji'ɛ]

A careful speaker, though, will pronounce the unstressed vowel element as a semi-vowel.

Elision of vowels often occurs in relaxed speech. It can be shown in spelling by use of apostrophe.

>**p'ra** ['prɐ] instead of **para**   (*to, for*)

This tendency may be taken to extremes as in:

>**t'obrigado** for **muito obrigado**   (*thank you very much*)

Brazilian spelling

Please note the following differences in Brazilian-Portuguese spelling in relation to Portuguese spelling in general:

– **c** and **p** are not written where not pronounced and there is a tendency not to pronounce etymological **c** and **p**:

>**facto—fato** (Br.)   (*fact*).

>**excepto—exceto** (Br.) (*except*).

– **nn** is simplified:

>**connosco—conosco** (Br.)   (*with us*)

– when the **u** of **gu** and **qu** is pronounced before **e** or **i**, a diaeresis (¨) is used:

>**cinquenta—cinqüenta** (Br.)   (*fifty*)

− the circumflex accent (ˆ) is used in some words instead of the acute accent (´):

quilómetro—quilômetro (Br.)   (*kilometre*)

(See ó and ô in the Chart of sounds above.)

The Alphabet

The Portuguese names for the letters:
(The letters are grouped in the box below by similarity of sound)

Aa	Bb	Ee	Ii	Jj	Uu
Hh	Cc	Ff	Xx	Oo	
	Dd	Ll			
	Gg	Mm			
	Pp	Nn			
	Qq	Rr			
	Tt	Ss			
	Vv				
	Zz				
Kk	Ww		Yy		
/a/	/e/	/ɛ/	/ i /	/ɔ/	/u/

Letters Kk Ww Yy are found only in some words of foreign origin and international abbreviations.

1 Onde é a saída?

In this unit you will learn to find your way around when you first arrive in a Portuguese-speaking country.

Diálogos

Paulo is in the airport terminal. He stops Isabel, another passenger, to ask where the exit is.

Paulo	Faz favor, pode me dizer onde é a saída?
Isabel	Em frente, à direita.
Paulo	Como?
Isabel	Em frente, à direita.
Paulo	Obrigado.
Isabel	De nada.

---

faz favor *excuse me, please* (Br. **por favor**)	**em frente** *straight on*
pode me dizer *can you tell me?* (literally *can (you) + me + to tell*)	**à direita** *on the right*
onde *where*	**como?** *pardon? what did you say?*
é *is*	**obrigado** *thank you (said by male)*
a saída *the way out, exit*	**de nada** *not at all*

Ana is in a shopping centre. She approaches José to ask where the nearest telephone is.

Ana	Faz favor, pode me dizer onde é o telefone mais perto?
José	(*pointing to the steps*) Lá em cima, no correio. O correio é à esquerda, a seguir ao banco e em frente da farmácia.
Ana	Faça o favor de repetir, mais devagar.
José	Lá em cima . . . , no correio . . . . O correio é à esquerda . . . , a seguir ao banco . . . e em frente da farmácia . . . .
Ana	Obrigada.
José	De nada.

mais perto *nearest* (lit. *most + near*)	**em frente da** (= **de + a**)
o telefone *the telephone*	**farmácia** *opposite the chemist's* (lit. *in front of + the chemist's*)
lá em cima *upstairs*	**faça o favor de repetir** *would you please say it again* (lit. *would you do the favour of + to repeat*)
no (= **em + o**) **correio** *in the post-office*	
à esquerda *on the left*	**mais devagar** *more slowly*
a seguir ao (= **a + o**) **banco** *past the bank* (lit. *past + to + the + bank*)	**obrigada** *thank you (said by female)*
e *and*	

EXERCÍCIO 1.1   Certo ou errado? *(True or false?)*
Write **certo** or **errado** for each statement below according to whether it is correct or not.

1   A saída é à esquerda.
2   O telefone é no banco.
3   A farmácia é lá em cima.
4   O correio é em frente da farmácia.

EXERCÍCIO 1.2   Perguntas e respostas *(Questions and answers)*
Choose the right answer and write it down.

1   Onde é a saída?
    (a) À direita. *(b)* Em frente, à direita.
2   Onde é a farmácia?
    (a) Lá em cima, à direita. *(b)* Lá em cima, a seguir ao banco.
3   Onde é o correio?
    (a) Lá em cima, à direita, em frente da farmácia.
    (b) Lá em cima, à esquerda, a seguir ao banco.
4   Onde é o telefone mais perto?
    (a) No correio, lá em cima à direita, a seguir ao banco.
    (b) No correio, lá em cima em frente da farmácia.

Comentário

Words of courtesy

Faz favor or **por favor** is literally a request for a favour.

Use **faz favor** or **por favor** when in English you would say *please* and/or *excuse me* to draw someone's attention or to accompany (precede or follow) a request.

Faz favor, pode me dizer onde é a saída?   *Excuse me, please, can you tell me where the exit is?*

Pode me fazer um favor?   (literally, *Can you do me a favour?*) is applicable when in English you would say *Can you help me?*

Pode me ajudar?   (literally, *Can you help me?*) may suggest a situation of need or distress, such as when you are in some kind of trouble.

Desculpe is an apology.
(i)   Say **desculpe** when in English you would say *I'm sorry!* to apologise:

   Desculpe!   *Sorry!*

   (You have, for example, bumped into someone.)

(ii)   You may also wish to say **desculpe** for *excuse me* (instead of **faz favor** or **por favor**) to draw someone's attention or to precede a request, but only if you feel that you are really inconveniencing the person.

   Desculpe, pode me dizer onde é o telefone mais perto?   *Excuse me, please, can you tell me where the nearest telephone is?*

   (You have, for example, interrupted someone's conversation to ask your question.)

Com licença means, literally, *with permission*. Use **com licença** when in English you would say *excuse me* to accompany an action: for example, when you need someone to step back for you to get through the door or a line of people.

Obrigado or **obrigada**   *thank you* (literally, *obliged, grateful*) is understood as *I am grateful to you*. **Muito obrigado** or **muito obrigada** will correspond to *Thank you very much*. **(Muito) agradecido** or **(muito) agradecida** are an alternative for *Thank you (very much)*. (For the different ending **-o/-a**, please see page 21.)

TRABALHO PRÁTICO (see Introduction, page 1)
Practise saying the following words of courtesy that you have learned and their respective replies:

pode me fazer um favor?	com certeza (Br. pois não)	*certainly*
desculpe	não tem importância não faz mal (Br. não foi nada)	*it's all right*
com licença	faz favor faça favor (Br. pois não)	*please do*
(muito) obrigado/ (muito) obrigada (muito) agradecido/ (muito) agradecida	de nada não tem de quê (Br. não por isso não há de quê)	*not at all*
	eu é que agradeço	*thank you too*

Overcoming communication problems

Como? is the abridged version of **Como disse?** or **Como é?** (literally, *How did you say?* or *How is it?*). This is what you are likely to hear when you are not understood, as *Pardon?* in English.

You can also say **Faça o favor de repetir,** i.e., *Would you please say it again?* or, more freely translated, *Could you please say it again?* To this you can always add **mais devagar** (*more slowly*).

TRABALHO PRÁTICO
falar = *to speak*
Rearrange the words below so as to say: *Could you please speak more slowly?*

Faça / falar / de / favor / o / devagar / mais

Directions and locations

Note that you can say **lá em cima** for both *upstairs* and *at the top* and **lá em baixo** for both *downstairs* and *at the bottom.*

Also note that some words can be used for both direction and location:

em frente	*straight on*	*opposite*
à direita	*to the right*	*on the right*
à esquerda	*to the left*	*on the left*

When location is related to something, **de** is often used:

O supermercado *(the supermarket)* é	**em frente** **à direita** **à esquerda**	**do**(= de + o) banco. **da**(= de + a) farmácia.

Similarly, **atrás de** (*behind*), **ao lado de** (*beside*), **dentro de** (*inside*), **fora de** (*outside*), **no centro de** (*in the centre of*), **ao fim de** (*at the end* (*of*). Also **em cima de** (*on top of*), **em baixo de** (*underneath*).

O telefone é **dentro do** correio = o telefone é no correio.

TRABALHO PRÁTICO
Model sentence
– A polícia é ao lado esquerdo do banco.   *The police station is on the left side of the bank.*

Guided by the sentence above, rearrange the words below so as to make a true statement:

O banco / ao / direito / polícia / é / lado / da

Gramática

Gender

In Portuguese all nouns—animate and inanimate—are either masculine or feminine.

masculine		*feminine*
o homem (*the man*)	*also*	a mulher (*the woman*)
o banco (*the bank*)		a saída (*the exit*)

How can you tell whether a noun is masculine or feminine?
(a) By the meaning: masculine for male beings, feminine for female beings.
(b) By the ending: a noun ending in **-o** is likely to be masculine; a noun ending in **-a** is likely to be feminine, as also are nouns ending in **-gem**; **-dade**; **-tude**; **-ão** (when in the translation of the word the ending corresponds to the English *-ion*):

a viagem (*the journey*); **a verdade** (*the truth*); **a juventude** (*the youth*); **a estação** (*the station*).

There are, however, exceptions to *(a)* and *(b)* and the only sure way of knowing the gender is to learn the **o** or **a** (definite article) which accompanies each noun:

o before a noun shows that it is masculine.
a before a noun shows that it is feminine.
Always memorise a new noun with the **o** or **a** before it.

> **o** homem   **a** mulher
> **o** banco   **a** saída

Adjectives and past participles used adjectivally are also masculine or feminine. This explains why you should say **obrigado** (*thank you*) if you are a male but **obrigada** if you are a female.

Definite article (*the*)

The definite article agrees with its noun in both gender (masculine or feminine) and number (singular or plural). In English we have only *the* but in Portuguese there is **o** (*m.*), **os** (*m. plural*) and **a** (*f.*), **as** (*f. plural*).

> **o** homem, **os** homens; **a** saída, **as** saídas

Indefinite article (*a/an*)

The indefinite article agrees with its noun in both gender and number. In English we have *a* (or *an*), but in Portuguese we find **um** (*m.*) or **uma** (*f.*).

> **um** homem; **uma** saída.

Also **uns** or **umas**, which translates *some/any* in the sense of *a certain number* or *a certain quantity*, and *a certain* (= *specific*).

> **uns** homens (*a few men*); **umas** férias (*a certain holiday*)

de

de can often be translated by the English prepositions *of* and *from*:

> em frente **do** (= de + o) banco   (lit. *in front of the bank*) *opposite the bank*
> longe **do** (= de + o) aeroporto   *far from the airport*

de is often used to link to a noun another word (noun or not) which adds some meaning to it:

> o controlo **de** passaporte   a bagagem **de** mão
> *the control of passport*   *the baggage of hand*
>
> *the passport control*   *the hand baggage*

de followed by a noun corresponds to the possessive case:

A mala **da** (= de + a) senhora.   *The lady's suitcase.*

Contractions

Some prepositions contract and combine with a following article:

de + o	→ do		de + a	→ da
a + o	→ ao		a + a	→ à
em + o	→ no		em + a	→ na
por + o	→ pelo		por + a	→ pela
de + um	→ dum		de + uma	→ duma
em + um	→ num		em + uma	→ numa

O hotel é **numa** rua a seguir **à** estação **no** centro **da** cidade.   *The hotel is on a road past the station, in the town centre.*

(Note that in **à direita** and **à esquerda** the word for *hand* is understood: **a + a mão direita/esquerda**.)

O trânsito é **pela** esquerda ou **pela** direita?   *Does one drive on the left or on the right?* (lit. *Is the traffic by the left or by the right?*)

Prepositions can also contract and combine with a variety of other words, as, for example:

de + isto	→ disto
em + outro	→ noutro
de + aqui	→ daqui

disto *from this*
noutro *in another one*
O hotel é longe **daqui**?   *Is the hotel far from here?*

EXERCÍCIO 1.3
No Aeroporto (*in the airport*)
You have just landed and you are finding your way through the terminal.

a entrada *entrance*	**o restaurante** *restaurant*
o controlo de passaporte *passport control*	**o sanitário** *or* **o toilete** *toilet*
a entrega de bagagem *baggage reclaim*	**o aluguer de carros** *car rental* (Br. **o aluguel de carros**)
a alfândega *customs*	**a praça de táxis** *taxi-rank* (Br. **o ponto de táxi**)
o turismo *tourist information*	

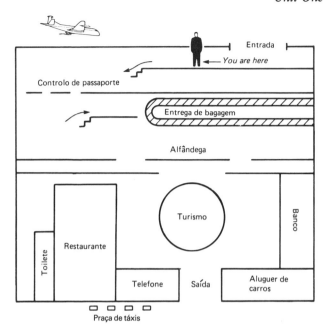

In the column on the left there are ten half sentences. The other halves are in the column on the right, but they have been jumbled up. Unscramble the right-hand column and write out the complete ten sentences. They will successively direct you to ten different spots.

1	o controlo de passaporte	(a)	é lá em cima, em frente
2	a entrega de bagagem	(b)	é à direita da saída
3	a alfândega	(c)	é lá em baixo, à esquerda
4	o turismo	(d)	é à esquerda da saída
5	o banco	(e)	é em frente da entrega de bagagem
6	o restaurante	(f)	é a seguir à saída, à direita
7	o sanitário	(g)	é à direita do turismo
8	o telefone	(h)	é atrás do restaurante
9	o aluguer de carros	(i)	é à esquerda do turismo
10	a praça de táxis	(j)	é a seguir à alfândega, no centro

TRABALHO PRÁTICO

Imagine yourself being asked for the items below. As you produce each item, say its name.

o passaporte *passport*	o bilhete (**Br.** a passagem) *ticket*	
o cartão de embarque *boarding-card*	o cartão de desembarque *disembarkation/landing-card*	
o visto *visa*	o atestado de vacina *vaccination certificate*	o seguro *insurance*

Adjectives

Adjectives and past participles used adjectivally must agree with their noun in both gender and number.

Noun	+	adjective or past part. (used adjectively)

is the usual word order.

máquina fotográfica   (lit. *photographic machine*) *camera*
loja franca   *duty-free shop*
passagem subterrânea   (lit. *underground passage*) *subway*
entrada proibida   (lit. *entry forbidden*) *no entry*

Negatives

To change an affirmative statement into a negative just say **não** before the verb:

Tenho   *I have*
Não tenho.   *I have not.*

Note that **não** can translate both *no* and *not*:

Não, não tenho.   *No, I have not.*

More than one element of negation may be present in the same sentence. This is the practice when **nada** (*nothing*), **nenhum** (*none*) or **ninguém** (*no one*) comes after the verb. For example, to tell the customs officer that you have not got anything to declare you should say:

Não (*not*) tenho **nada** (*nothing*) a declarar.

EXERCÍCIO 1.4
Na Cidade (*in town*)
John is trying to find his way through town. He is standing where the cross is, facing Rua da República.

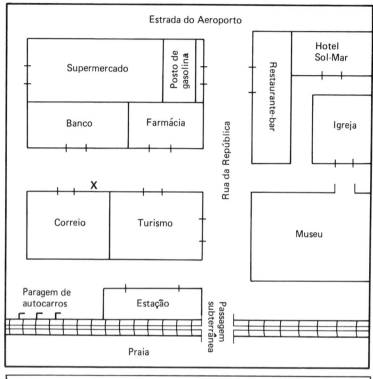

a estação (*railway*) *station*	**a paragem de autocarros**
a estrada *open road*	(Br. **a parada de ônibus**) *bus-stop*
o posto de gasolina *filling station*	**a praia** *beach*
a igreja *church*	**o restaurante-bar** *snack-bar*
o museu *museum*	**a rua** *urban road, street*
	o supermercado *supermarket*

Below are directions John has been given. Write John's question for each direction received.

1 É atrás do correio, ao lado da estação.
2 É na rua atrás, à esquerda, a seguir ao banco.
3 É na Rua da República, à esquerda, a seguir à farmácia e em frente do restaurante-bar.
4 É lá em baixo, à direita, ao fim da Rua da República.
5 É à direita, ao fim da Rua da República, a seguir à estação.
6 É a estrada à esquerda, ao fim da Rua da República.
7 É numa rua atrás da igreja.
8 É em frente do turismo. A entrada é em frente da igreja.

Reiterative reply

Sim translates *yes*. However, in a *yes* reply, the main verb of the question tends to be repeated, in the appropriate person. **Sim** may precede or follow the reiteration, but is often omitted.

> A praia é lá em baixo? (question)
> Sim, é. ⎫
> É, sim. ⎬ (reply)
> **É.** ⎭

In a *no* reply, there is a tendency to add the verb, in the negative.

> O banco é em frente do museu? (question)
> **Não, não é.** (reply)

EXERCÍCIO 1.5

Answer the following questions on the street plan. In *yes* replies, just write the verb. In *no* replies, use **não** plus the verb in the negative.

1 A igreja é em frente do museu?
2 O banco é ao lado da farmácia?
3 O supermercado é em frente do correio?
4 O turismo é longe da estação?
5 A praia é perto da estação?

Plurals

Adjectives and past participles used adjectivally follow the same basic plural rules of the nouns.

(a) Words ending with a vowel add -s in the plural:

> carro (*car*); carros (*cars*)

But note: there are three different plural forms for words ending in -**ão**:

Some just add -s:	Some change to -ões:	Some change to -ães:
mão (*hand*)	estação (*station*)	pão (*bread, loaf*)
mãos (*hands*)	estações (*stations*)	pães (*loaves*)

The different plural forms depend, in general, on the Latin word from which the Portuguese word derives:

> mãos from manu-; estações from statione-; pães from pane-.

(b) Words ending in a consonant other than -**m** or -**l** add -**es**:

mulher (*woman*); mulheres (*women*)

(c) Words ending in -**m** substitute -**ns**:

homem (*man*); homens (*men*)

(d) Words ending:

-**al**	substitute	-**ais**.	
-**el** (−)		-**eis**.	
-**el** (+)		-**éis**.	
-**il** (−)		-**eis**.	(+) stressed
-**il** (+)		-**is**.	(−) unstressed
-**ol** (−)		-**ois**.	
-**ol** (+)		-**óis**.	
-**ul**		-**uis**.	

hospit**al** (*hospital*); hospit**ais** (*hospitals*)
autom**óvel** (*automobile*); autom**óveis** (*automobiles*)
hot**el** (*hotel*); hot**éis** (*hotels*)
fác**il** (*easy*); fác**eis** (*easy*)
gent**il** (*well-mannered*); gent**is** (*well-mannered*)
álco**ol** (*alcohol*); álco**ois** (*alcohols*)
lenç**ol** (*sheet*); lenç**óis** (*sheets*)
az**ul** (*blue*); az**uis** (*blue*)

(e) Words in -**ês** lose the accent in the plural:

portugu**ês** (*Portuguese*); portugu**eses** (*Portuguese*)

(f) A few words end in -**s** and sound like a plural in the singular. They do not change:

cais; cais *quay, railway platform*

(g) A number of masculine words which have a closed -**o**- in the stressed root syllable open this vowel in the plural in addition to adding -**s**. (See Pronunciation Guide.)

ovo (*egg*), **ovos** (*eggs*); almo**ço** (*lunch*), almo**ços** (*lunches*); novo (*new, young*), novos (*new, young*); tro**co** (*change*), tro**cos** (*small change*); posto de combustível (*fuel station*), postos de combustível (*fuel stations*); porto (*port*), portos (*ports*).

Verbs: the three conjugations

-ar   **-er**   **-ir**

All Portuguese verbs have one of the three infinitive endings above, with the exception of the verb **pôr** (*to put*) and its compounds, e.g., **compor** (*to compose*), **supor** (*to assume*). You do not need to use the accent with the compounds.

Some verbs have anomalous forms, but most fall into one of three conjugation patterns according to their infinitive endings. Below are three regular verbs which will give you the model endings for the three conjugations:

Infinitive
compr**ar** (*to buy*)   vend**er** (*to sell*)   part**ir** (*to leave*)

Past participle
compr**ado** (*bought*)   vend**ido** (*sold*)   part**ido** (*left*)

E.g. | **Vendido** | for a | *Sold* | notice

For verbs with anomalous forms see Special Verbs in Appendix. Always check a new verb against these notes.

Public notices and instructions often include past participles and infinitives. (See also Unit 5, pp. 102–3.)

Instructions, for example, on how to operate a ticket dispenser, are often presented in the infinitive. E.g., **Introduzir as moedas** (lit. *to introduce + the coins*) for *Insert the coins.*

In some public telephones you may also see the words **Depositar uma ou mais fichas** (lit. *to deposit . . .*), *Insert one or more phone cards.*

Similarly, on doors you will see **Empurrar** for *Push* and **Puxar** for *Pull.* **Esperar na bicha** (Br. **fila**) will mean *Wait in the queue.* Inside a plane, **Não fumar** and **Apertar o cinto** will correspond to *No smoking* and *Fasten your belt.*

Note that there are two ways of wording, say, a *No smoking* sign: **É proibido fumar**, presented as a prohibition, **Não fumar**, presented as an instruction.

EXERCÍCIO 1.6

Work out what the following public notices and signs mean.

For this you will have to convert some plurals back to their respective singular forms and some past participles into their infinitives. When you have done so, look up the obtained word in the vocabulary at the end of the book.

1 INFORMAÇÕES

2 Fechado

3 Encerrado

4 Ocupado

5

VÔOS DOMÉSTICOS

CHEGADA DE AVIÕES   PARTIDA DE AVIÕES

6 Proibido estacionar
nos dias úteis

7 Não é permitido
acampar aqui

TRABALHOS PRÁTICOS

* Read the signs on the fuel pumps. They correspond to:

A. *four-star petrol;* B. *two-star petrol;* C. *diesel;*
D. *alcohol fuel (available in Brazil).*

Gasolina super	Gasolina normal	Gasóleo	Álcool
A	B	C	D

* Read and say the names of the following documents associated with driving:

a carta de condução (Br. a carteira de motorista)   *driving licence*
os documentos do carro   *car documents*

Model sentence   Taking a taxi
– Para o Hotel Sol-Mar, faz favor.   *To the Sol-Mar Hotel, please.*
Using the above sentence as a model, practise asking to be taken to
the station ((a) **estação**).

EXERCÍCIO 1.7
Ranging from a parking ticket to a drink, what you want may come
out of a dispensing machine.

que é preciso fazer para . . .? *how do you . . . ? (what is necessary to do for . . . ?)* (Br. **que preciso fazer para . . .** ?) **uma bebida** *a drink* **(a) laranja** *orange* **(o) limão** *lemon*	**(a) cola** *cola* **com gás** *fizzy (with gas)* **sem gás** *still (without gas)* **depois** *afterwards, then* **premer** *to press* **(a) tecla** *key* **que diz** *that says*

Study the picture and read the question and answer below.

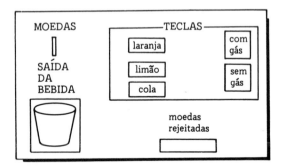

– Que é preciso fazer para comprar uma bebida de laranja com gás?
– Introduzir as moedas e, depois, premer a tecla que diz **laranja** e a
tecla que diz **com gás**.

Write a similar question and answer for the following:
1   laranja—sem gás
2   limão—com gás
3   limão—sem gás
4   cola

Prova de Compreensão

Study the cardinal points on p. 31. Then read and answer, in English, the questions on the text below.

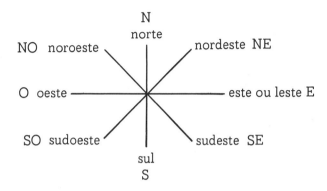

1 Mention a Portuguese-speaking country in mainland Europe and one in mainland America.
2 Where are the Portuguese-speaking archipelagos Madeira and Azores?
3 Give the geographical location of the following five African countries whose official language is Portuguese: Mozambique; Angola and Guinea-Bissau; Cape Verde and São Tomé e Príncipe.
4 What does the figure 'around 190 million' represent?

Viagem ao mundo da língua portuguesa

Português é não só a língua de Portugal, no SO da Europa, mas é também a língua de vários outros países e comunidades.

É a língua do Brasil, o país mais vasto da América do Sul.

É também falado na Madeira e nos Açores, ambos arquipélagos do Atlântico Norte.

Em África, é a língua oficial de cinco países, nomeadamente: Moçambique, no E do continente africano, isto é, na África oriental; Angola e Guiné-Bissau, no O do mesmo continente; Cabo Verde e São Tomé e Príncipe, dois arquipélagos do Oceano Atlântico ao largo da costa ocidental africana.

O número total de indivíduos de língua portuguesa é à volta de 190 milhões.

2 Tem um quarto vago?

The main points in this unit are finding accommodation and being able to ask for what you may need while staying and travelling in the country.

Diálogos

No turismo (*at the tourist-office*)

Luís wants a street-plan and he is also looking for a hotel. Fernanda is the assistant (**a empregada**).

Luís	Bom dia.
Fernanda	Bom dia.
Luís	Uma planta da cidade, faz favor.
Fernanda	Aqui tem. (*giving him the street-plan*)
Luís	Obrigado. Há um hotel aqui perto?
Fernanda	Há, sim. Na primeira rua à esquerda a seguir à estação.
Luís	Faça o favor de me mostrar na planta onde fica.
Fernanda	Fica aqui. (*showing the location on the street-plan*)
Luís	Obrigado. Bom dia.
Fernanda	De nada. Bom dia.

---

bom dia *good morning* (lit. *good* (masc.) + *day*)
uma planta da cidade *a street-plan* (lit. *a plan of the town*)
aqui tem *here you are* (lit. *here* + *(you) have*) (Br. **aqui está**)
há . . . aqui perto? *is there . . . nearby?* (lit. *is there . . . here* + *near*)
na primeira rua *on the first road*
me mostrar na planta *show me on the street-plan* (lit. *me* + *to show* + *on the street-plan*)
fica *(it) is* (alternative to **é** for location)

Na recepção do Hotel Central (*at the reception desk of the Hotel Central*).

Maria is looking for a room.
Pedro is the hotel manager (**o gerente**).

Maria	Boa tarde.
Pedro	Boa tarde.
Maria	Tem um quarto vago, com banho?
Pedro	Um quarto individual ou um quarto duplo?
Maria	Um quarto individual.
Pedro	Um momentinho (*consulting his registration book*) . . . Não, com banho só quarto duplo.
Maria	Pode me mostrar o quarto?
Pedro	Com certeza. Fica lá em cima, no segundo andar. A escada é à direita e o elevador a seguir. (*They make their way to the room. Maria views it.*)
Maria	Está bem, obrigada. Fico com o quarto por uma noite. *(Back in reception)*
Pedro	Faça o favor de preencher a ficha.

---

boa tarde *good afternoon* (lit. *good (fem.) + afternoon*)
tem . . . ? *have you got . . . ? have (you) . . . ?*
um quarto vago *a vacant room*
(o) banho *bath*
um quarto individual *a single room*
um quarto duplo *a double room*
um momentinho (Br. **minutinho**) *just a moment* (lit. *a little moment*)
só *only*
no segundo andar *on the second floor*
(a) escada *stairs*
(o) elevador *lift*
está bem *it's all right, O.K.* (Br. **está bom**)
fico com *I am having*
por uma noite *for a night*
preencher *to complete*
(a) ficha *registration form*

EXERCÍCIO 2.1 Certo ou errado?

1 Fernanda tem uma planta da cidade.
2 Há um hotel perto do turismo.
3 Há um hotel na primeira rua à esquerda a seguir à estação.
4 No Hotel Central não há um quarto vago.

EXERCÍCIO 2.2 Perguntas e respostas

1 Há uma planta da cidade no turismo?
  (*a*) Há. (*b*) Não, não há.
2 Onde há um hotel perto do turismo?
  (*a*) Na segunda rua à esquerda a seguir à estação.
  (*b*) Na primeira rua à esquerda a seguir à estação.
3 O quarto vago com banho é um quarto individual?

(*a*) É. É um quarto individual.
(*b*) Não, não é. É um quarto duplo.
4 Onde fica o quarto duplo?
(*a*) No primeiro andar.
(*b*) No segundo andar.

Comentário

Hello and Goodbye

Bom dia, boa tarde and **boa noite** are both greetings and parting words. Say them when in English you would say *Hello!* or *Goodbye.*

O dia itself means *the day*; **a tarde** is the part of the day between noon and sunset; **a noite** is *the night*. Say **bom dia** from daybreak to midday. Say **boa tarde** from midday until it starts to get dark. Then switch over to **boa noite**, until daybreak comes round again. Note that you will find a translation for *good evening* in both **boa tarde** and **boa noite**, depending on whether it is light or dark.

Olá!, compared to English *Hello!*, is an exclamation of joy when meeting a friend or close relation rather than a greeting. It tends to be used with the person's name: e.g., **Olá, Paulo!**. **Adeus** is a goodbye to a friend or close relation.

Olá and **adeus**, for friends, does not exclude the use of the more impersonal **bom dia**, **boa tarde** and **boa noite**: e.g., **Olá, Paulo!, bom dia.**

TRABALHO PRÁTICO
Look at the picture and practise the appropriate *Hellos* and *Goodbyes* throughout the day and the night.

Boa tarde

Bom dia — Boa tarde

Bom dia — Boa noite

Boa noite

Somewhere to stay

There is a wide range of options, including: hotel (**o hotel**), boarding house (**a pensão**), motel (**o motel**), inn (**a pousada** or **a estalagem**), students' hostel (**o lar de estudantes**), camping/caravanning complex (**a aldeia de campistas** or **o parque de campismo**).

You may wish to have a double room (**um quarto duplo** or **um quarto de casal**) with double bed (**com cama dupla** or **cama de casal**) or twin beds (**com camas individuais**). You may want instead a single room (**um quarto individual** or **um quarto de solteiro** or **um quarto de pessoa só**).

To ask for a private bathroom you can just say **com banho**. If you wish to be more specific, say **com duche** (Br. **ducha**) or **com chuveiro** to ask for a shower and **com banheira** to ask for a bathtub. **A casa de banho** (Br. **o banheiro**) translates the bathroom. This name is also used euphemistically as an alternative way of referring to the toilet (**o sanitário**).

O apartamento, often abbreviated to **apto**: The meaning of this word can range from a small flat, to a bedsitter or a hotel-room with private bathroom.

A diária is the daily cost of your stay at the hotel.

As for eating facilities, you may prefer full board (**pensão completa**), half board (**meia pensão**) or simply bed and breakfast (**dormida e pequeno almoço**) (Br. **pernoite e café da manhã**).

TRABALHOS PRÁTICOS
* Notice the following abbreviations: c/ = com; p/ = por, para; quarto c/ banho = quarto com banho; p/ dia = por dia = de diária.

* Practise saying the following:
– Um quarto duplo, com chuveiro, e pensão completa.
– Um quarto individual, com banheira, e meia pensão.

Asking for something (1)

An easy way of asking for something when you know it to be available is just to say, e.g., **Um mapa, faz favor** (*A map, please*) or **Uma planta da cidade, faz favor** (*A street-plan, please*).

> **um———,**
> **uma———,** **faz favor** (Br. **por favor**)

> **Uma** caneta, **uma** folha de papel e **um** envelope, **faz favor**. *A pen, a piece of paper and an envelope, please.*

The word for *ticket* is (**o**) **bilhete**. Brazilians like using the word (**a**) **passagem** (*fare*). However, when buying a ticket, the word is often left out.

> **Um**, de ida, para Lisboa, **faz favor**. *A one-way ticket to Lisbon.*

TRABALHO PRÁTICO
Using the sentence above as model, practise asking for a return ticket
(**Um, de ida e volta**) to Oporto (**para o Porto**).

Asking for something (2)

If, however, you don't know whether what you want is available, then
use one of the following approaches:

> **tem . . . ?**
> **há . . . ?**

which you can precede with **faz favor** (or alternative).

To enquire whether or not there is accommodation for you at,
respectively, a hotel or a camping complex, you can say:

> **tem** | quartos vagos? (*any rooms available*)
> **há** | lugares vagos? (*any spaces available*)

Similarly,

> **tem** | uma mesa vaga? (*a table free*)
> **há** | um vôo directo para o Rio? (*a direct flight to Rio*)
>   (Br. direto)

TRABALHOS PRÁTICOS
* – Faz favor, tem troco para a máquina de venda de
bilhetes? *Excuse me, please, have you got change for the ticket-
dispensing machine?*

Using the sentence above as model, practise asking for:
change for the telephone (troco para o telefone).
Still using the model, practise asking for:
a telephone directory (uma lista telefónica) (Br. telefônica).

* – Faz favor, há lojas aqui perto?
Excuse me, please, are there shops nearby?

Use the sentence above as a model and ask:
– whether there is *drinking water* (água potável) nearby,
– whether there is *a dentist* (um dentista) nearby.

Asking for something (3)

May I have . . . ?

> (i) **Faça o favor de me dar . . .**   *Would you give me . . . ?*

or

(ii) **Pode me dar. . . ?**   *Can you give me . . . ?*
correspond to the English   *May I have . . . ?*

Faça o favor de me dar um quarto no primeiro andar. *May I have a room on the first floor?* (requesting)
Pode me dar um quarto no primeiro andar? *May I have a room on the first floor?* (lit. *Can you give me a room on the first floor?* enquiring about possibility)

TRABALHO PRÁTICO
Model sentence
– Faça o favor de me dar um saco. ⎱ *May I have a*
– Pode me dar um saco?   ⎰ *bag (carrier bag)?*
Use the sentences above as models and practise asking for the following (in the two different ways):

an English newspaper (um jornal inglês)
a postcard with a local view (um bilhete postal com uma vista local)
   (Br. um cartão postal com uma vista local)
a stamp to the UK (um selo para o Reino Unido)
a stamp to the USA (um selo para os Estados Unidos da América)
something for indigestion (alguma coisa para indigestão)
something for sunburn (alguma coisa para queimadura de sol)

Asking to have something done

When asking to have something done for you, start your request with:

(i) **Faça o favor de . . . .**   *Would/could you please . . . ?*

or

(ii) **Pode . . . ?**   *Can you . . . ?*

However, (ii) is better reserved for cases when you are enquiring about possibility rather than willingness; when, for example, you are not sure whether the person can afford the time to attend to you:

Faça o favor de . . . ./Pode . . . ?

me mostrar	no dicionário	a palavra 'ficha' a(s) palavra(s) que disse
	no relógio que horas são	
show me	*the word 'ficha' in the dictionary in the dictionary the word(s) that you have said*	
	the time on your watch (lit. *on the watch*)	

me escrever	no papel	o preço
		o nome
		o endereço
		o número do telefone

write for me | on the paper | the price
| | name
| | address
| | 'phone number

me ligar o telefone para este número
put me through to this number
me telefonar para o Consulado Britânico
'phone on my behalf to the British Consulate

TRABALHOS PRÁTICOS
* *Model sentence*
Faça o favor de me mostrar na planta onde fica o hotel mais perto. *Would/could you please show me on the street-plan where the nearest hotel is?*

Using the above sentence as a model, practise asking to be shown *on the map* (no mapa) where *the nearest camping complex* (a aldeia de campistas mais perto) is.

* Study the following abbreviations and the words they stand for. They are often used on road-maps and street-plans.

A-estr.	a auto-estrada	*motorway, expressway*
Av.	a avenida	*boulevard*
Circ.	a circular	*circular road*
Est.	a estação	*station*
Estr.	a estrada	*open road, country road*
Lg.	o largo	*square, precinct*
Pç.	a praça	*square, market-place*
Rod.	a rodovia	*highway*
R.	a rua	*street, urban road*
Tún.	o túnel	*tunnel, underpass*
Viad.	o viaduto	*viaduct, flyover*

Asking to have something sent for

Faça o favor de me chamar . . . . (lit. *to call for me*)
or
Pode me chamar . . . ?

Faça o favor de me chamar um táxi.   *May I have a taxi sent for?*
Pode me chamar um táxi?

TRABALHO PRÁTICO
Use the example above as a model and practise two different ways of asking to have the following sent for:

a doctor (um médico)   *a towing truck* (um rebocador)
an ambulance (uma ambulância)

Gramática

Numbers

Cardinals

0	zero	18	dezoito	101	cento e
1	um/uma	19	dezanove		um/uma
2	dois/duas		(Br. dezenove)	121	cento e
3	três	20	vinte		vinte e
4	quatro	21	vinte e		um/uma
5	cinco		um/uma		
6	seis	22	vinte e		
7	sete		dois/duas	200	duzentos
8	oito	23	vinte e	300	trezentos
9	nove		três	400	quatrocentos
10	dez			500	quinhentos
11	onze	30	trinta	600	seiscentos
12	doze	40	quarenta	700	setecentos
13	treze	50	cinquenta	800	oitocentos
14	catorze		(Br. cinqüenta)	900	novecentos
15	quinze	60	sessenta	1 000	mil
16	dezasseis	70	setenta		
	(Br. dezesseis)	80	oitenta	1 000 000	um milhão
17	dezassete	90	noventa		
	(Br. dezessete)	100	cem		

TRABALHO PRÁTICO
Make up new mini-dialogues by changing destination and platform number:
— De que linha (Br. plataforma) parte o comboio (Br. trem) para o Porto? *From what platform does the train for Oporto leave?*
— Da linha (Br. plataforma) número 3. *From platform number 3.*

Notes:
(a)   There is a masculine and a feminine form for *one* and *two*: **um/uma**; **dois/duas.**
(b)   **um/uma** can translate both the indefinite article (*a* or *an*) and the numeral *one*.

Um quarto com duas camas.   *A/one room with two beds*
Um grupo de vinte e duas pessoas.   *A/one party of twenty-two people.*

(c)   **e** is used:
   – between tens and units· after 20: **vinte e um** (*21*).
   – between digits in general, except after thousands when the hundreds plus either the tens or units (or both) are greater than zero: **mil e duzentos** (*1200*); **mil, duzentos e vinte** (*1220*) (note the use of comma).
   – and so on: **um milhão, duzentos mil e sessenta** (*1 200 060*).
(d)   **Cem** translates *100* when on its own. Otherwise say **cento**: **cem** pessoas (*100 people*); **cento e vinte** pessoas (*120 people*).
(e)   The ending **-entos,** from 200 to 900, takes a feminine form: **quinhentas** pessoas (*500 people*).
(f)   **Mil** translates *1000*. For *2000* say **dois/duas mil,** and so on: **mil** pessoas (*1000 people*), **duas mil e cem** pessoas (*2100 people*).

Ordinals

1º/1ª primeiro/a	20º/20ª vigésimo/a
2º/2ª segundo/a	30º/30ª trigésimo/a
3º/3ª terceiro/a	40º/40ª quadragésimo/a
4º/4ª quarto/a	50º/50ª quinquagésimo/a
5º/5ª quinto/a	60º/60ª sexagésimo/a
6º/6ª sexto/a	70º/70ª septuagésimo/a
7º/7ª sétimo/a	80º/80ª octogésimo/a
8º/8ª oitavo/a	90º/90ª nonagésimo/a
9º/9ª nono/a	100º/100ª centésimo/a
10º/10ª décimo/a	1 000º/1 000ª milésimo/a
11º/11ª décimo/a primeiro/a	

Note:
Ordinals add **-s** in the plural and agree with their noun in gender and number:

as primeiras duas ruas à direita   *the first two roads on the right*
o vigésimo primeiro andar do arranha-céus   *the twenty-first floor of the sky-scraper*
O hotel fica no segundo quarteirão à esquerda (Br. na segunda quadra).   *The hotel is on the second block on the left.*

Plurals

– Noun + **de** + noun or other word (see p. 21): only the first element takes a plural ending.

> **um** quarto de casal, **dois** quartos de casal   *one double room, two double rooms*

– Compound nouns (adjective/ordinal + noun): both elements take a plural ending:

> o pequeno almoço   **os** pequenos almoços   *the breakfasts*
> a segunda-feira   **as** segundas-feiras   *the Mondays*

Note that the linking hyphen is often omitted, particularly between adjective and noun: o pequeno almoço = o pequeno-almoço. See p. 46.

– Compound nouns (verb/etc. + noun): only the noun takes a plural ending.

> o guarda-chuva, os guarda-chuvas   *the umbrella(s)* (from **guardar**   *to guard*)

– Diminutives: they are usually treated as single nouns.

> o cafezinho (from **café**), **os** cafezinhos   *the small coffee(s)* (for *small cup(s) of coffee*)

Exception:

> o pãozinho (from **pão**), os pãezinhos   *the bread roll(s)* (*little loaves*)

– Augmentatives: they are usually treated as single nouns.

> o caseirão (from **casa**) os caseirões   *the big house(s)*

Um quarto de hotel   (*a hotel room*)

You may want to book a hotel room for yourself or your friends.

EXERCÍCIO 2.3

quero . . . *I want* . . .	**por** . . . *for* . . .
(a) **varanda** *balcony*	. . . **oito dias** (=**uma semana**)
(a) **vista para o mar** *sea view (view on to the sea)*	. . . *eight days* (=*a week*)
	. . . **quinze dias** . . . *a fortnight (fifteen days)*

Ask for two of each room in the chart below. Start your sentences with the word **Quero**. Remember always to write down your exercise answers.

quarto	chuveiro	banheira	varanda	vista para o mar	dias
1 quarto de solteiro	√		√		2
2 quarto de casal com cama dupla		√	√	√	8
3 quarto de casal com camas individuais	√	√	√	√	15

TRABALHOS PRÁTICOS
* Try this for a tongue-twister:
  Quero quatro quartos no quarto andar por quatro dias.
* Now practise asking for your room key. It is number 405:
  Chave número quatrocentos e cinco, faz favor.

EXERCÍCIO 2.4

> **pode me trazer . . .?** *can you bring me . . . ?*
> **mais um/uma . . .** *one more . . .*

Ask for two more of each of the items shown in the picture.

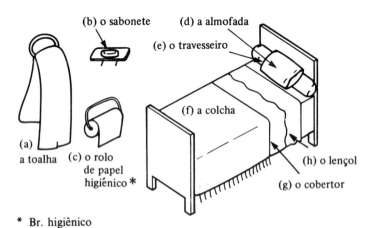

(b) o sabonete   (d) a almofada

(e) o travesseiro

(f) a colcha

(a) a toalha   (c) o rolo de papel higiénico *

(h) o lençol

(g) o cobertor

* Br. higiênico

Subject pronouns

With verbs, the subject pronoun is often omitted. The verbal ending is usually informative of person.

☐ fic ⓞ com o quarto.   *I* *'ll have* (lit. *I'm having*) *the room.*

However, use the pronoun with the verb if there could be any ambiguity or for emphasis.

Eu é que agradeço.   *I* *thank you too. It is I who thanks you.*

eu	*I*
o senhor/a senhora você tu	*you* (m.)/*you* (f.) *you* (both m. and f.) *you* (both m. and f.)
ele/ela	*he/she, it*
nós	*we*
os senhores/as senhoras vocês	*you* (m. pl.)/*you* (f. pl.) *you* (both m. pl. and f. pl.)
eles/elas	*they* (m.)/*they* (f.), *they* (neuter)

– *you*: for an impersonal approach, leave it out. However, you can use the forms available to add different tones to your approach:

o senhor/a senhora	—courteous
você	—equalising
tu	—familiar

In Brazil, **você** tends to cover the scope of both **você** and **tu**. However, **tu** is used in the far South and in some areas of the North.

Como está?
Como está **o senhor**?
Como está **você**? ⎬ *How are you?*
Como estás **tu**?

(Note the different verbal ending with **tu**.)

Vocês is plural to both **você** and **tu**.

Como estão **vocês**? *How are you?* (more than one)

o senhor/a senhora, os senhores/as senhoras, despite being nouns, are used as pronouns for *you* singular and plural, respectively.

Note:

> **O senhor** quer um quarto individual? **A senhora** quer um quarto individual? (lit. *Does the gentleman/lady want a single room?*) means *Do you want a single room, sir/madam?*

– *he/she/it*. **ele/ela** will also translate *it*, and the plural **eles/elas** neuter *they*.

> **Ele** está no parque de estacionamento. *It is in the car park.* (referring to **o** carro *car*).

– **vós** is an alternative to **os senhores/as senhoras, vocês**. It has not been entered above, because it is not much used nowadays.

Present tense

	I buy, etc.	*I sell,* etc.	*I leave,* etc.
eu	compro	vendo	parto
tu	compras	vendes	partes
o sr/a sr^a, você } ele/ela	compra	vende	parte
nós	compramos	vendemos	partimos
os srs/as sr^{as}, vocês } eles/elas	compram	vendem	partem

Use this tense for:

1   an habitual action or event:

> Compro o jornal regularmente. *I buy the newspaper regularly.* (verb comprar)

> As lojas abrem às 9h00. *The shops open at 9.00 am.* (abrir)

2   a constant fact:

> Gosto de música. *I like music.* (gostar)

3   an accepted truth:

> As pessoas que vivem num clima frio usam roupa quente. *People living in a cold climate wear warm clothes.* (viver, usar)

4 something which is taking place now:

Estudo a lição 2. *I am studying lesson 2.* (estud**ar**)

5 a factual statement about a future occurrence:

Parto amanhã. *I am leaving tomorrow.* (part**ir**)

6 something started sometime in the past and still not completed:

Estudo português há um mês. *I have been studying Portuguese for one month.* (estud**ar**)

Note

The second person plural is often used when addressing an individual who is standing for a group or organisation:

A que horas serv**em** o jantar? *At what time do you serve dinner?* (serv**ir**)

or when you are addressing more than one person simultaneously:

Quer**em** chá? *Does anyone want some tea?* (lit. *Do you and you . . . want tea?*) (quer**er**)

The verbal form corresponding to **vós** is entered only in the Appendix in view of its limited use.

EXERCÍCIO 2.5

(o) **ar condicionado** *air-conditioning*	(o) **barulho** *noise*
	dar para *to look on to*
(o) **aparelho de rádio** *radio set*	**pequeno** *small*
(o) **televisor** *television set*	

Answer the following questions. Number 1 is done for you.

(A) 1 O quarto tem ar condicionado?   (*ter*)
    Tem, sim.
  2 O quarto tem aparelho de rádio?   (*ter*)
  3 O quarto tem televisor?   (*ter*)
  4 O quarto dá para a rua?   (*dar*)
(B) 1 O quarto tem barulho?   (*ter*)
    Não, não tem.
  2 O quarto é pequeno?   (*ser*)

Questions

We have been using two different types of questions.

(i)   Questions which start with a question-word:

> **Onde** é a saída?   *Where is the exit?*
> **Como** está?   *How are you?*
> **De onde** parte o vôo para Lisboa? *Where does the flight to Lisbon leave from?*

In this case there is inversion of the subject-verb order (when the subject is expressed). However, this is not necessarily so in Brazil, where, for example, **Onde** a saída é? will also be heard.

(ii) Questions in which the same word-order is used as in a statement but with a rising intonation:

> Há um hotel aqui perto.   (statement)
> *There is a hotel nearby.*
> Há um hotel aqui perto?   (question)
> *Is there a hotel nearby?*
> Ela gosta do hotel.   (statement)
> *She likes the hotel.*
> Ela gosta do hotel?   (question)
> *Does she like the hotel?*

é que

These are merely filler words, meaning literally *(it) is + that*.

> Eu **é que** agradeço.   *Thank you too (it is I who thanks).*

In a question, **é que** tends to neutralise the tendency to invert the subject-verb order:

> Onde é a saída?   }
> Onde **é que** a saída é?   }   *Where is the exit?*
> Como está o senhor?   }
> Como **é que** o senhor está? }   *How are you, sir?*

Adjectives

Adjective or past part. (used adjectivally)   +   noun

is the word-order when the adjective is used in a less literal and/or more emotive sense:

> pequeno almoço; Bom dia!

also | ordinal | + | noun | :

> no segundo andar

Tenda ou caravana (*a tent or a caravan*)

You may like camping or caravanning.

EXERCÍCIO 2.6

(a) caravana (= **rulote**) caravan   **(a) tenda individual**   individual tent
(o) carro-cama camping van   **(a) tenda familiar** family tent

Ask the questions for which the following answers are given. (Full
answers are given to help you.)

1 Há, sim. Há lugar para um carro e uma caravana.
2 Há, sim. Há lugares para duas tendas familiares e três tendas
   individuais.
3 Não, não é. Não é proibido estacionar a rulote aqui.
4 Podem estacionar o carro-cama aqui à direita.
5 É, sim. É preciso mostrar os documentos do carro.
6 Não, não vendemos gasolina.

O dinheiro (the money)

O escudo ($) is the unit of currency in Portugal. It is subdivided into
100 **centavos**. **Um conto** is 1000 **escudos**.

1$00	um escudo
2$50	dois escudos e cinquenta centavos
1 000$00	mil escudos = um conto
2 000$00	dois mil escudos = dois contos

O cruzado (Cz$) is the unit of currency in Brazil. It is subdivided
into 100 **centavos.**

Cz$ 1 030,60   hum mil e trinta cruzados e sessenta centavos
              (Note the use of hum for *one*)

EXERCÍCIO 2.7

Quanto é? *How much is it?*
Quanto custa? *How much does it cost?*
How much will you be asked for (in Portuguese) when you buy the
following:

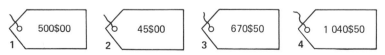

1 500$00   2 45$00   3 670$50   4 1 040$50

Alguma coisa para beber (*something to drink*)

The cup and **o copo**

Presence or absence of a handle is a yardstick for defining a drinking container.

a xícara/chícara
ou
a chávena *the cup*

a caneca *the mug*

o copo *the glass/cup/tumbler*

o cálice
the goblet

a taça
the champagne glass

Note: **de** or **para?**

> um copo **de** vinho (lit. *a glass of wine*)

will mean, depending on context, *a glass measure of wine* or *a glass meant to contain wine*. Should there be ambiguity, the latter meaning can be expressed by the alternative:

> um copo **para** vinho (lit. *a glass for wine*)

Uma refeição ligeira (*A light meal*)

EXERCÍCIO 2.8

<table>
<tr><td>

a lista
(*the list*)

Sanduíches *Sandwiches*
queijo *cheese*
fiambre *ham*
  (Br. presunto)

Bolos *Cakes*

Sorvetes *Ice-cream*
morango *strawberry*
baunilha *vanilla*

Batatas Fritas *Crisps/Chips*
pacote *packet*

Refrigerantes e outras Bebidas
  Soft and other Drinks
sumos de fruta *fruit juices*
  (Br. sucos)
café *coffee*
chá *tea*
leite *milk*
açúcar *sugar*
copo de vinho *glass of wine*
copo de cerveja *glass of beer*

</td></tr>
</table>

tomar *to have* (usually a drink)

You are finding out what the members of your party want.

Você	Que querem tomar?
Luís	Um café com açúcar. Para comer, três sanduíches de fiambre.
Ana	Quero um gelado de baunilha.
João	Um copo de cerveja e um pacote de batatas fritas, faz favor.
Rosa	Um sumo de laranja e um bolo.
Pedro	Um copo de vinho e três sanduíches de queijo.
Rita	Um gelado de morango, um bolo e um chá com leite e sem açúcar.
Joana	Não quero nada, obrigada.

Make a list ready for the waiter. When he comes and asks: **Que é que as senhoras e os senhores querem?** read out your list. Start with **Queremos . . .**

TRABALHOS PRÁTICOS

* Practise asking to be brought the bill (**a conta**).
  Faça o favor de me trazer a conta.

* Duas contas com serviço incluído (quinze por cento)

Read the following:

Uma conta certa

Bolos	600$00
Serviço 15%	90$00
Total	690$00

mas
but

Uma conta errada

Cafés	400$00
Serviço 15%	90$00
Total	500$00

* Say: *You may keep the change:*   Pode ficar com o troco.

Prova de Compreensão

sempre *always*	**descansar** *to rest*
(o) lugar *place*	**nunca** *never*
(o) clima *climate*	**(a) outra parte**
agradável *pleasant*	*somewhere else*

Portuguese Teresa is describing her holidays. Answer in English the questions on her words below.

1 In addition to beautiful surroundings, what leads Teresa always to choose the same spot for her holidays?
2 What can she see from her bedroom window early in the morning?
3 Where does she sunbathe before lunch?
4 As well as going for a walk, how else does she like spending her afternoon?
5 Where does she sometimes go after her evening meal?

Teresa·
– Passo as férias sempre aqui. É um lugar com paisagens lindas. O clima é agradável, sem temperaturas muito baixas ou muito altas. É excelente para descansar. Nunca vou para outra parte.
Gosto de abrir a janela do quarto de manhã cedo e apreciar a vista—o mar e a praia, sem barulho, tudo calmo, sem ninguém.

Mais tarde chegam as pessoas. Há cor, movimento e animação.

Antes do almoço vou lá abaixo à praia. Tomo banho de mar e, depois, tomo banho de sol.

De tarde, gosto de dar uma volta a pé . . . ou dar uma volta de carro.

À noite, janto e, às vezes, vou até ao clube. As portas fecham depois da meia-noite.

3 Muito prazer!

In this unit we shall concentrate on meeting people. You will learn
how to talk about yourself and where you come from, and how to
obtain the same kind of information from others.

Diálogo

No bar do hotel (*in the hotel bar*)
Hugo has invited Álvaro and his wife to dinner at the hotel where he is
staying. It is the first time he has met Álvaro's wife.

Álvaro	Boa noite. (*shaking hands*)
Hugo	Boa noite.
Álvaro	Apresento-lhe minha mulher.
Margarida	Margarida Pereira.
Hugo	Hugo Pinto.
Margarida	Muito prazer. (*shaking hands*)
Hugo	Muito prazer.
Margarida	O Hugo está satisfeito com o hotel?
Hugo	Estou. Tanto o quarto como a alimentação são bons . . . e o hotel é central. Sinto-me bem aqui. Que desejam tomar?
Margarida	Para mim um xerez, faz favor.
Hugo	Seco, doce ou meio-doce?
Margarida	Meio-doce.
Hugo	E o Álvaro que prefere?
Álvaro	Prefiro uma genebra com água tónica.
Hugo	E quem quer comer um aperitivo?
Margarida	Eu não quero, obrigada.
Álvaro	Eu também não, obrigado.
Hugo	(*to the waiter*) Um xerez meio doce, um xerez seco e uma genebra com água tónica.
Hugo	(*when the waiter comes back with the drinks*) O xerez meio doce é para a senhora, a genebra é para o senhor e o xerez seco é para mim. (*before drinking*) Saúde!

apresento-lhe *this is . . .* (lit. *(I)* *introduce + to you)*	**para mim** *for me*
minha mulher *my wife*	**um xerez** *a sherry*
muito prazer *pleased to meet you* (lit. *much pleasure*)	**seco, doce, meio-doce** *dry, sweet, medium sweet*
está satisfeito com . . . ? *are you pleased with . . . ?*	**o Álvaro que prefere?** *what do you prefer, Álvaro?*
tanto . . . como . . . *both . . . and . . .*	**prefiro** *I prefer*
a alimentação *the food*	**(a) genebra** *gin*
central *central*	**(a) água tónica** *tonic water* Br. **tônica**
sinto-me bem aqui *I like it here, I feel* (lit. *myself*) *well here*	**quem quer . . . ?** *who wants . . . ?*
que desejam tomar? *what would you like to have?* (lit. *what do (you) wish to have?*)	**um aperitivo** *an appetizer*
	também *also*
	saúde! *cheers!*

EXERCÍCIO 3.1 Certo ou errado?

1 Margarida é a mulher de Hugo.
2 O Álvaro apresenta a Margarida ao Hugo.
3 O Hugo está satisfeito com o hotel.
4 O hotel não é central.

EXERCÍCIO 3.2 Perguntas e respostas

1 O hotel é bom?
   (*a*) O quarto é bom mas a alimentação não é boa.
   (*b*) O quarto é bom e a alimentação também é boa.
2 Quem quer beber xerez?
   (*a*) O Álvaro e o Hugo.   (*b*) O Álvaro e a Margarida.
   (*c*) A Margarida e o Hugo.
3 O Álvaro quer beber alguma coisa?
   (*a*) Não, não quer.
   (*b*) Sim, quer beber uma genebra com água tónica e comer um aperitivo.
   (*c*) Sim, quer beber uma genebra com água tónica mas não quer comer um aperitivo.
4 Para quem são os dois xerezes e a genebra com água tónica?
   (*a*) O xerez seco é para o Álvaro, o xerez meio doce é para a Margarida e a genebra com água tónica é para o Hugo.
   (*b*) O xerez seco é para o Hugo, o xerez meio doce é para a Margarida e a genebra com água tónica é para o Álvaro.
   (*c*) O xerez meio doce é para o Álvaro, o xerez seco é para o Hugo e a genebra com água tónica é para a Margarida.

Comentário

Names

Most people have two first names (**o nome próprio**, Br. **o prenome**) and two surnames (**o apelido**, Br. **o sobrenome**).

Álvaro Pereira's full name is
Álvaro José   Fonseca (i) Pereira (ii)

forenames   *surnames*

(i)   his mother's last maiden name
(ii) his father's last name

Married ladies usually have three surnames.

Margarida Pereira is Álvaro's wife.
Her full name is:
Maria Margarida   Silva (i) Tavares (ii) Pereira (iii)

forenames   *surnames*

(i)   her mother's last maiden name
(ii)   her father's last name
(iii)   her husband's last name

Introductions

In an introduction you tend to say both your first names (or the one you use most often) plus your last surname. Maria Margarida Silva Tavares Pereira is likely to introduce herself as Margarida Pereira.

When introducing someone, say **Apresento-lhe** followed by:

(a) the person's name:

Apresento-lhe Rita Costa   and/or

(b) an indication of the person's relationship to you:

Apresento-lhe **o meu** marido (*my husband*).
Apresento-lhe **a minha** mulher (*my wife*).
Apresento-lhe **a minha** amiga Rita Costa (*my friend Rita Costa*).

Remember to say **meu** with a male person and **minha** with a female. The **o/a** is optional. You will hear it more in Portugal than in Brazil.

When you are introduced or you introduce yourself, remember to say **Muito prazer**. The other person is likely to reciprocate with the same words. However, some people may opt to say the whole sentence from which the above phrase is originally taken:

Tenho muito prazer em conhecê-lo. *I am delighted to meet you.*
Tenho muito prazer em conhecê-la. (**lo** to a male and **la** to a female person)

At the other extreme, you may come across someone who will further shorten the already abridged version to **Prazer**. You can reciprocate with **Igualmente**.

Remember to shake hands when being introduced or introducing yourself.

It is also the custom to shake hands with an acquaintance or a friend each time you meet. Women, though, tend to shake hands with an acquaintance or a male friend and reserve a kiss for a female friend. Children are also usually kissed.

TRABALHO PRÁTICO
Model sentence
– Apresento-lhe o meu marido; Apresento-lhe a minha mulher.

Now introduce the following members of your family:

filho (*son*)	filha (*daughter*)
pai (*father*)	mãe (*mother*)
irmão (*brother*)	irmã (*sister*)

Talking about yourself

Both in a social situation and for official purposes, you may want to provide information about yourself. You may also wish to find out about other people. Below you have some questions and answers that will help you.

Name (O) nome

Como é o seu nome?	*What is your name?* (lit. *how . . . ?*)
O meu nome é Peter Smith.	*My name is Peter Smith.*
Peter: P de Portugal, etc.	*Peter: 'P' for* (lit. *of*) *Portugal*, etc.

Place of birth (O) local de nascimento
Nationality (A) nacionalidade

De onde é?	*Where do you come from?* (lit. *From where are you?*)
Sou de Portugal.	*I come from Portugal ((I) am from Portugal).*
Sou português/portuguesa.	*I am Portuguese (male/female).*

Profession   (A) profissão
Occupation   (A) ocupação.

Qual é o seu trabalho?	*What do you do for a living?* (lit. *What is your work?*)
Sou médico/médica.	*I am a doctor (male/female).*
Sou comerciante/comerciante.	*I am a businessman/woman.*

Marital status   (O) estado civil

Qual é o seu estado civil?	*What is your marital status?*
Sou solteiro/solteira.	*I am a single man/woman.*
Sou casado/casada.	*I am a married man/woman.*
Sou viúvo/viúva.	*I am a widower/widow.*
Sou divorciado/divorciada.	*I am divorced (man/woman).*

mas   (*but*)

Estou noivo/noiva.   *I am engaged   (male/female).*
Estou separado/separada.
   (Br. desquitado/desquitada)   *I am separated (man/woman).*

TRABALHO PRÁTICO
Model sentence

Peter Smith: Sou inglês, sou comerciante, sou casado mas estou separado.

With the words below, write a similar sentence for Sarah Cooper.

   inglesa/médica/solteira/noiva

Age   (A) idade

Quantos anos tem?	*How old are you?* (lit. *How many years have you got?* i.e., *have you completed?*)
Tenho trinta e um anos.	*I am thirty-one years old.* (lit. *I have thirty-one years*).

The place where you are staying   O local onde está

Onde está?	*Where are you staying?*
Estou no Hotel Central, em Lisboa.	*I am staying at Hotel Central, in Lisbon.*

When saying where you are staying, the word **hospedado/hospedada** (lit., *lodged*) is optional:

Estou hospedado no Hotel Central.   or, simply,
Estou no Hotel Central.

But you would not use **hospedado/hospedada** to say you are staying on a camping complex:

> Estou na Aldeia de Campistas Boas Férias.

The purpose of your stay   A finalidade da sua estada

Que faz aqui?	*What are you doing here?*
Estou em férias.	*I am having a holiday (I am on holidays).*
Estou em visita de negócios.	*I am here on business* (lit. *on a business visit*).
Estou em visita a amigos.	*I am visiting some friends* (lit. *on visit to friends*).

Permanent residence   (a) residência permanente ou (o) domicílio
Address   (o) endereço ou (a) morada

Onde mora?	*Where do you live?*
Moro em Londres.	*I live in London.*
Como ⎱ é o seu endereço? Qual ⎰	*What is your address?*
O meu endereço é . . .	*My address is . . .*

TRABALHO PRÁTICO
Model sentence

Peter: Sou de Southampton mas moro em Manchester. Estou aqui em visita de negócios e estou hospedado no Hotel Campo Belo, em Sintra.

With the words below, write a similar sentence for Sarah.

> Londres/Liverpool/em férias/hospedada

Children and adults

The English word *child* (and plural *children*) finds a Portuguese translation in **criança/s**, in contrast with *adult* (**adulto/s**). The word **criança** is grammatically fem. even when applied to a male child; **adulto** is masc. even when applied to a female adult.

> Entrada proibida a crianças.   *No admission to children.*

filho/a/os/as, in the sense of *offspring*:

Tenho dois filhos.   *I have two children (two male children or one male and one female).*
Tenho duas filhas.   *I have two children (both female).*
Não tenho filhos.   *I have no children.*

Note also the following words:

menino/a/os/as, in the sense of *young person*, male and female. It can assume a courteous form of address, *the young gentleman/lady*:

Tenho dois filhos, um menino e uma menina.   *I have two children, a boy and a girl.*
O leite é para a menina. *The milk is for the little girl* (the young lady).
rapaz/rapariga/rapazes/raparigas (Br. **moço/a/os/as**) offer an alternative to **menino**/etc. and apply also to a young adult.

Tenho dois filhos, um rapaz e uma rapariga.   *I have two children, a boy and a girl.*

TRABALHO PRÁTICO
Read the sentences below and notice the different words Mário uses for his four- and two-year-old children, depending on whether he is talking about his family or buying tickets for them.

Mário: Sou casado e tenho dois filhos, um menino de quatro anos e uma menina de dois anos.
Mário: Quatro, dois para adulto e dois para criança.

Gramática

Possessive adjectives and pronouns

The possessive adjectives and pronouns are presented in the following chart in relation to the subject pronouns:

(a) 1. The possessive agrees in gender and number with the thing possessed, except with the forms **dele/s, dela/s, do/s sr/s, da/s sr^a/sr^{as}, de você/s**, which agree with the possessor, e.g.,
   (a) sua mala or **a mala dele** for *his suitcase.*
2. **dele/dela, do sr/da sr^a, de você**, and pl. can be called upon when ambiguity between **seu/s, sua/s** 2nd and 3rd person is likely to occur. In the pl. **vosso/s, vossa/s** is also available as a fitting alternative to both **dos srs/das sr^{as}** and **de vocês**.

José   A sua mala . . .   *(your/his suitcase)*
Luís   A minha?   *(mine?)*
José   Não, não a mala do senhor; a mala dele.   *(no, not yours; his)*

Subject to pronouns	Possessives			
eu	meu/meus (m.) minha/minhas (f.)			*my, mine*
tu	teu/teus (m.) tua/tuas (f.)			
o sr.	seu/seus (m.) sua/suas (f.)	o/os (m.) a/as (f.)	do sr.	*your, yours*
a sr^a			da sr^a	
você			de você	
ele			dele (de + ele)	*his, her/hers, its*
ela			dela (de + ela)	
nós	nosso/nossos (m.) nossa/nossas (f.)			*our, ours*
os srs	seu/seus (m.) sua/suas (f.)	vosso/vossos (m.) vossa/vossas (f.)	o/os (m.) a/as (f.)	dos srs	*your, yours* (pl.)
as sr^{as}			das sr^{as}	
vocês			de vocês	
eles			deles (de + eles)	
elas			delas (de + elas)	*their, theirs*

(b) In the sequence *possessive + noun* the definite article precedes the possessive, although there is a tendency to omit it particularly in Brazil. e.g., **(a) minha mala**, *my suitcase*. No definite article is used when the possessive stands alone unless distinction of ownership is emphasized.

> Esta mala é minha. *This suitcase is mine* but
> Esta mala é a minha. *This is my suitcase (no one else's)*.

Also note how to translate the English *a . . . of mine, of yours*, etc.:

> **um amigo meu** or **um meu amigo**, *a friend of mine*.

(c) Omission of the possessive in relation to English practice.
1. When the relationship is obvious:

> Está na praia com o pai. *She is on the beach with her father.*
> Quer tirar o casaco? *Do you wish to take your coat off?*

2. In an action performed on, or for, someone:

Pode me levar as malas, faz favor?   *Can you please carry my cases?*

Note the use of the personal object pronoun instead. See pages 117–8 and 120).

ser, estar, haver, ficar

ser *(to be)*
Use when an inherent condition is meant, including location of non-movables:

Sou inglês.   *I am English.*
O hotel **é** na primeira rua à esquerda.   *The hotel is in the first road on the left.*
Espinho **é** a próxima estação?   *Is Espinho the next stop (station)?*

estar *(to be)*
Use when a condition is meant which is not inherent, including location of movables:

Como **está**?   *How are you?*
O carro **está** na primeira rua à esquerda.   *The car is in the first road on the left.*
Estão no Hotel Central.   *They are staying in Hotel Central.*
Este lugar **está** vago?   *Is there anyone sitting here? (is this seat vacant?)*

haver *(to exist)*

Há um hotel aqui perto?   *Is there a hotel nearby?*
Há hotéis aqui perto?   *Are there hotels nearby?*

(Note *há* for both singular and plural.)
In Brazil **ter** often replaces haver.

Tem um hotel aqui perto?

ficar *(to be)* (= *ser* for location)

O hotel **fica** atrás da Câmara Municipal.   *The hotel is behind the Town Hall.* (= O hotel **é** atrás da Câmara Municipal)

ficar *(to stay)* (inception of a situation)

Fico no Hotel Central.   *I am staying in Hotel Central* (= *I am going to stay*).

ficar *(to be)* (inception of a state)

Fico contente sempre que recebo um presente. (lit. *I am happy + whenever + I receive a present*) *I am always happy to receive a present.*

ficar com (*to have, to keep*).

> **Fico com** o quarto.   *I'll have (*lit. *I'm having) the room.*
> Pode **ficar com** o troco.   *You may keep the change.*

Identificação (*identification*)

You are likely to have to complete forms.

EXERCÍCIO 3.3

(o) nome completo *full name*	**(o) bilhete de identidade**
(a) naturalidade *place of origin*	*identity card*
(a) última procedência *last*	(Br. **(a) carteira de identidade**)
point of call	**(o) local de emissão** *place of issue*
(o) próximo destino *next*	(Br. **local de expedição**)
destination	**(a) assinatura** *signature*
(o) documento de identidade	
travel document	

Read the following hotel registration-form, which has been completed by Ana Maria Pereira Magalhães Gama.

Ficha de Hospedagem

Nome completo ..ANA. MARIA. PEREIRA............
...MAGALHÃES.. GAMA.....................
Nacionalidade ...PORTUGUESA...................
Naturalidade ....FARO..........................
Profissão / ocupacão .MÉDICA.....................
Estado civil ....CASADA.........................
Residência permanente .COIMBRA...................
Última procedência .COIMBRA.....................
Próximo destino ...PORTO......................
Doc. de identidade (passaporte ou bilhete de identidade): No. 8.170771.
    Local de emissão ..FARO.........................
Assinatura ..... *Ana M.P Magalhães Gama*.............

(A) Imagine that you are Ana Maria and answer the following questions directed to you (give full answers):

1 Como é o seu nome completo?
2 É portuguesa?
3 De onde é?
4 Está noiva?
5 Onde mora?
6 Qual é o número do seu passaporte?

(B) Answer the following questions about Ana Maria (give full answers):

1 Como é o nome completo dela?
2 Ela é portuguesa?
3 De onde é que ela é?
4 Ela está noiva?
5 Onde é que ela mora?

TRABALHO PRÁTICO

In form-filling, when just grammatical gender is involved, you should make your entry agree with the printed word. See how British citizen Brian completed his form giving details of his nationality (**a** nacionalidade) and sex (**o** sexo):

Nacionalidade BRITÂNICA Sexo MASCULINO

Now imagine you are completing a form for Mary and write, respectively, BRITÂNICA and FEMININO.

Definite and indefinite articles: use and omission

1 Def. art. + possessive adjective:
Use is optional. It can be emphatic:

   É **o** meu passaporte (*no one else's*).

But, unless vocal stress should be imparted, it can be omitted:

   É o meu passaporte = É meu passaporte. *It is my passport.*

2 Def. art. + **que . . . ?**
Optional, as above:

   O que é isto? = Que é isto? *What is this?*

3 Def. art. + name of country or a toponimic: It is the tendency to use the article when
   (i) the name (or part of it) is recognisable as a common noun with an existence of its own; and/or

(ii)   the ending of the name suggests a gender. **Madeira** is a double example: **a madeira** (= *wood*), and has the ending **-a**.

4   Def. art. + name of a person:
Optional, as 1 and 2 above. It may add a note of affection, but not necessarily so. It is not used in a vocative:

O João quer um café? = João quer um café?   *Does John want a coffee?*
but
João!, quer um café?   *John! do you want a coffee?*

Note that when a noun is used for *you*, the def. art. is present:

O João quer um café? *or* O senhor quer um café?   *Do you want a coffee, John/sir?*

5   The indefinite article is *not used* before a noun which denotes profession or occupation, affiliation, marital status and origin:

Sou médica.   *I am a doctor.*
Sou católica.   *I am a Roman Catholic.*
Sou viúva.   *I am a widow.*
Sou portuguesa.   *I am a Portuguese.*

EXERCÍCIO 3.4

Portugal is regionally divided into **províncias** and administratively divided into **distritos**.

Faro fica na província do Algarve e no distrito de Faro. É capital de distrito. É um centro turístico.

Write a similar piece of information on Coimbra.

Mapa de Portugal com províncias

COIMBRA	FARO	cidade
a Beira Litoral	o Algarve	província
Coimbra (capital)	Faro (capital)	distrito
centro universitário	centro turístico	uma característica importante

> **(a) cidade**   *town, city*
> **(o) centro turístico**   *tourist centre*
> **(o) centro universitário** *university centre*
> **uma característica importante** *an important feature*

Gender

Masculine and feminine endings of nouns denoting male or female people (and animals):

1   Words ending in **-o** (masc.) (but not **-ão**) substitute **-a** (fem.):

o amigo/a amiga   *the friend (male/female)*

2   Words ending in **-or** or **-ês** (masc.) add **a** (fem.)

o senhor/a senhora   *the gentleman/lady*
o inglês/a inglesa (no accent ˆ in the feminine) *the Englishman/ Englishwoman*

3   Words ending in **-e** or **-a** are invariable:

o/a estudante   *the student (male/female)*
o/a dentista   *the dentist (male/female)*

4   A few words in **-ão** (masc.) drop the final **o** (fem.):

o irmão/a irmã   *the brother/sister*

5   Substitute **ó** for **ô** in the following:

o avô/a avó   *the grandfather/grandmother*

Note that in a number of cases a different word is used for each sex:

o pai/a mãe   *the father/mother*

Adjectives, past participles used adjectively, and ordinals follow the rules above according to their particular endings:

o senhor inglês/a senhora inglesa   *the English gentleman/lady*
obrigado/obrigada   *thank you (said by male/female)*
no primeiro andar   *on the first floor*
na primeira rua   *on the first road*

Note the irregular formations of the following adjectives:

bom *good* (m.)   **boa** *good* (f.)
mau *bad* (m.)   **má** *bad* (f.)

Uma reunião internacional   *(an international meeting)*

EXERCÍCIO 3.5

The various representatives at the conference table are announcing themselves:

a Inglaterra *England*	**o Canadá** *Canada*
a Escócia *Scotland*	**a Austrália** *Australia*
o País de Gales *Wales*	**o Brasil** *Brazil*
a Irlanda *Ireland*	

representante
da Inglaterra	1	Sou inglês
da Escócia	2	Sou escocês
do País de Gales	3	Sou galês
da Irlanda	4	Sou irlandês
do Brasil	5	Sou brasileiro
de Portugal	6	Sou português
da Austrália	7	Sou australiano
do Canadá	8	Sou canadense
dos Estados Unidos	9	Sou americano
da América		

Re-write the statements above, but this time for a lady representative.

Plurals

A masculine plural noun may refer to a word which includes both genders:

os amigos   (*male friends* but also *male + female friends*)

os pais   *(fathers,* i.e., *male parents,* but also *father + mother)*
os filhos   *(male children* but also *male + female children)*

Exception: os av**ó**s   *grandparents*

Note that there is the word **parente**. It means a related person.

Um tio é um parente.   *An uncle is a relation.*

A masculine plural adjective or past participle is required when nouns of both genders are to be covered.

O filho e a filha casados   *The married son and daughter*

Reflexive verbs

	lavar-se *to wash oneself*	
eu	lavo-me	*I wash myself,*
tu	lavas-te	*etc.*
o sr/a sr^a, você ⎱ ele/ela ⎰	lava-se	
nós	lavamo-nos*	
os srs/as sr^{as}, vocês ⎱ eles/elas ⎰	lavam-se	

* Note the omission of **-s** at the end of **lavamos**.

Reflexive pronouns are attached to the end of the verb by a hyphen:

(i)   Ele lava-se às 7 horas.   *He has a wash at 7 am. (He washes himself at 7 am.)*
(ii)   Ele lava-se às 7 h.?   *Does he have a wash at 7 am?*
(iii)   Faça o favor de lavar-se às 7 h.   *Would you please have your wash at 7 am?*

However, in cases (i) and (ii) a Brazilian speaker will tend to make the reflexive pronoun precede the verb (no hyphen):

(i)   Ele se lava às 7 h. (affirmative sentence)
(ii)   Ele se lava às 7 h.? (interrogative sentence)

Both in Brazil and elsewhere, the reflexive pronoun precedes the verb in the following cases:

(a) Negative sentence:

Não se lava às 7 horas.   *He does not have a wash at 7 am.*

(b) Sentence introduced by a question-word or a short adverb:

Quando se lava?   *When do you have a wash?*
Já se lavou.   *He has already had a wash.*

(c) A subordinate clause introduced by a conjunction or a relative pronoun:

> Penso **que** ele se lava às 7 horas. *I think that he has a wash at 7 am.*
> Arnaldo é a pessoa **que** se lava às horas. *Arnold is the person who has a wash at 7 am.*

A large number of reflexive verbs in Portuguese find other renderings in English:

> Como se chama? (= Como é o seu nome?) *What is your name?*
> Sento-me na cadeira. *I am sitting on the chair (I am going to sit).*
> Como se escreve o endereço? *How do you spell the address?*

Profissão ou ocupação (*profession or occupation*)

EXERCÍCIO 3.6

(A) O que é que eles fazem? *What do they do . . . for a living?*

(o) engenheiro *engineer*	**(o) secretário** *secretary*
(o) funcionário público *civil servant*	**(a) dona de casa** *housewife*
(o) professor *teacher*	**reformado** ou **aposentado** *retired*

Read the family-tree below and find out what each one does as a profession or occupation.

A família

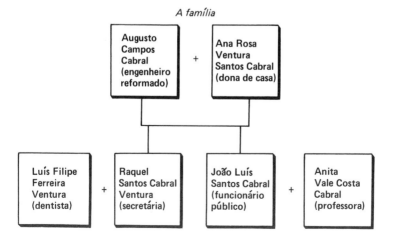

Answer the following questions:
1   João Luís é funcionário público ou dentista?
2   Como se chama a professora?
3   O que faz a mulher do Luís Filipe?
4   O que fazem os pais da Raquel?

(B) Onde é que eles trabalham?   *Where do they work?*

(a) companhia *company*	**(a) repartição do Estado** *State*
(o) consultório *surgery*	*department*
(a) escola *school*	**em casa** *at home*
(o) escritório *office*	

Answer the following questions:
1   Onde é que o marido da Raquel trabalha, num consultório ou numa escola?
2   Onde é que o filho do Augusto trabalha?
3   E a irmã do marido da Anita?
4   Augusto trabalha numa companhia ou está em casa?

(C) Como é que eles vão para o trabalho?   *How do they go to work?*

ir *to go*	**de metro** *by underground*
a pé *on foot*	*train* (*short for*
de carro *by car*	**metropolitano)**
de comboio *by train*	(Br. **metrô**)
(Br. **trem**)	

Read and answer the following questions:
O Luís Filipe e a Raquel têm só um carro. O consultório é longe e o Luís Filipe vai de carro. O escritório também é longe.
O João Luís e a Anita têm só um carro. A escola é perto de casa e a repartição do Estado é longe.

1   Como é que a Raquel vai para o trabalho?
2   E o João Luís?
3   E a Anita?

Um encontro (*a personal meeting*)

Talking to or about a new friend.

EXERCÍCIO 3.7

---

em pé = **de pé** *standing* (*on one's feet*) **deitado** *lying down* (lit. *laid*)
sentado *sitting* (lit. *seated*)

(A) Qual é a sua amiga? *Which is your friend?*
A minha amiga é a senhora que está em pé. *My friend is the lady who is standing up.*

Carry on replying for positions 2, 3 and 4.

(B) Look at the picture above. This is how you would ask the person in position 1 to take position 2, etc:

sentar-se. (1)
Faça o favor de levantar-se e deitar-se. (2)
levantar-se. (3)

Now ask the person in position 4 to take position 3, etc.

TRABALHOS PRÁTICOS
*Model mini-dialogue
– Que tal acha a minha amiga? *What do you think of my girl-friend?*
– É bonita e simpática. *She is pretty and friendly.*
Practise a parallel mini-dialogue applied to a boy-friend, who turns out to be handsome and friendly. The words you have to replace are given below:

o meu amigo/bonito/simpático

*Model sentence
Tem cabelo louro e encaracolado, pele branca e olhos azuis.

	O cabelo	*the hair*
(a) **louro** *blond*		(e) **liso** *straight*
(b) **castanho** *brown*		(f) **ondulado** *wavy*
(c) **preto** ou **negro** *black*		(g) **encaracolado** *curly*
(d) **grisalho** *grey*		

Os olhos *the eyes*	A pele *the skin*
(a) **azuis** *blue*	*(a)* **branca** *white*
(b) **verdes** *green*	*(b)* **morena** *dark*
(c) **castanhos** *brown*	*(c)* **preta** ou **negra** *black*
(d) **pretos** ou **negros** *black*	

Practise describing three more people, with the following characteristics:
(1)   cabelo *(b)* e *(e)*, pele *(b)* e olhos *(b)*.
(2)   cabelo *(c)* e *(f)*, pele *(c)* e olhos *(d)*.
(3)   cabelo *(d)* e *(g)*, pele *(a)* e olhos *(c)*

* *Model sentence*
Ele nem é gordo nem é magro nem é alto nem é baixo.   *He is neither fat nor thin, neither tall nor small.*
Practise saying a parallel sentence for **Ela** with the words:

gorda/magra/alta/baixa.

Prova de Compreensão

ao longe *in the distance*	**(o) cimo** *top*
km = **quilómetro** *kilometre*	**(o) nível do mar** *sea level*
(Br. **quilômetro**)	**agora vejo** *now I can see* (lit. *I*
comprimento *length*	*see*)

Brazil. Rio de Janeiro. Portuguese António is being shown the country by Regina, his São Paulo-born Brazilian girl-friend. They are now on a cable-car climbing to the top of the 385 m Sugar-Loaf Mountain (**o Pão de Açúcar**), where they will soon arrive.

Answer the following questions about their conversation.
1   What can be seen in the distance, the beautiful Guanabara Bay or the long Rio-Niterói bridge?
2   How long is the bridge?
3   Which is farther away, Botafogo or Flamengo beach?
4   Where is Santos Dumont airport?
5   From where can they get a partial view of Copacabana beach?

António	A Baía de Guanabara é linda! Aquela ponte ao longe é muito longa. Como é que ela se chama?
Regina	Ponte Rio-Niterói. Tem 13,3 (treze, vírgula, três) km de comprimento.
António	Rio-Niterói . . . 13,3 km . . . E mais perto, à esquerda, que praia é aquela a seguir ao Botafogo?
Regina	É a praia do Flamengo.
António	Praia do Flamengo.
Regina	A seguir é o aeroporto Santos Dumont.
António	Ah! sim, o aeroporto.
Regina	(*on arriving*) Estamos no cimo.
António	A que altitude estamos?
Regina	Estamos a mais ou menos 385 metros acima do nível do mar. Daqui há uma vista parcial da praia de Copacabana.
António	Copacabana!? Ah! sim, agora vejo!, aquela praia enorme, à direita. Fantástico! É uma vista grandiosa.
Regina	Rio de Janeiro tem mesmo uma posição bem privilegiada.

4 Quanto custa um quilo de queijo?

The aim of this unit is to teach you how to explain in more detail what you want at the shops, including quantity, size, colour, and different forms of payment.

Diálogo

Na mercearia (*at the grocer's*)
Olga, the customer (**a freguesa**), is served by José, the shop keeper (**o dono-da-loja**).

Olga	Bom dia.
José	Bom dia. Faz favor.
Olga	Quero um pão . . .
José	A senhora quer um pão grande ou um pão pequeno?
Olga	Grande.
José	. . . Aqui tem (*giving her the loaf*).
Olga	Também meio quilo de queijo.
José	De qual? (*picking up some cheese*)
Olga	Do queijo que tem na mão direita. . . . Um pacote de quilo de açúcar. . . . Uma lata de salsichas, daquelas na segunda prateleira a contar de cima. . . . Um pacote de manteiga. . . . Não tem um pacote maior?
José	Tenho maior e mais pequeno. Quer um pacote de meio quilo?
Olga	Sim, de meio quilo está bem. . . . Meia dúzia destes ovos (*pointing*). . . .
José	Mais alguma coisa?
Olga	Sim. Também uma garrafa de litro de vinho. Uma daquelas garrafas na montra na segunda prateleira a contar de baixo. . . . Quanto é tudo?

faz favor *can I help you?* (Br. **às ordens**)	**maior** *larger*
grande *large*	**mais pequeno** *smaller* (Br. **menor**)
meio quilo de *half a kilo of* (lit. *half + kilo + of*)	**meia dúzia de** *half a dozen of*
de qual? *of which?*	**destes** (de + estes) *of these* (m.)
que *that*	**(os) ovos** *eggs*
(o) pacote de quilo *1 kg packet*	**mais alguma coisa?** *anything else?* (lit. *more + some + thing?*)
uma lata de salsichas *a tin of sausages* (frankfurter type)	**(a) garrafa de litro** *1 litre bottle*
daquelas (de + aquelas) *of those* (f.)	**na montra** *in the window* (shop window) (Br. **na vitrina**)
na segunda prateleira a contar de cima/baixo *on the second shelf from the top/bottom*	**quanto é tudo?** (= quanto custa tudo?) *how much does it come to?* (lit. *how much + is/costs + all?*)
a contar de *counting from* (lit. *at + to count + from*)	
(a) manteiga *butter*	

EXERCÍCIO **4.1** Certo ou errado?

1 Olga quer um pão pequeno.
2 Olga quer duas latas de salsichas.
3 Olga quer meio quilo de manteiga.
4 Não há ovos na loja.

EXERCÍCIO **4.2** Perguntas e respostas

1 Quem é o freguês e quem é o dono-da-loja?
  (a) José é o freguês e Olga é a dona-da-loja.
  (b) Olga é a freguesa e José é o dono-da-loja.

2 Olga quer de que queijo?
  (a) Do queijo que José tem na mão esquerda.
  (b) Do queijo que José tem na mão direita.

3 Olga quer 1 kg de queijo e 1/2 kg de açúcar?
  (a) Sim, quer 1 kg de queijo e 1/2 kg de açúcar.
  (b) Não. Quer 1/2 kg de queijo e 1/2 kg de açúcar.
  (c) Não. Quer 1/2 kg de queijo e 1 kg de açúcar.

4 Onde está a garrafa de vinho que Olga quer?
  (a) Está na primeira prateleira a contar da direita.
  (b) Está na segunda prateleira a contar de baixo.
  (c) Está na segunda prateleira a contar da esquerda.

Comentário

Being served

Can I help you?
There are two usual forms of approach in Portugal:
(i) **Faz favor** (or **Faça favor**), a polite phrase in an implicit invitation
to the customer to express his/her request;
(ii) **Que deseja?** (from **desejar**, lit. *to desire*) for *What would you like?*
(i) and (ii) may also be put together:
> Que deseja, faz favor?
> Faça favor, que deseja?

In Brazil you are likely to hear:
> Às ordens *or* Às suas ordens. *At your service.*

I would like . . .
You can simply say:
Quero . . .
> Quero um pão. *I want a loaf.*

or, more courteously,
Queria . . .
> Queria um pão. (See page 117) *I would like a loaf.*
or
Desejo . . . (widely used in Portugal)
> Desejo um pão. *I would like a loaf.*

Qual prefere?
Olga preferred the cheese José was holding in his right hand:
> Do queijo que tem na mão direita.

But, if you don't mind one way or the other, just say **Tanto faz**.

How much more?
Muito mais (*much more*); **Um pouco mais** (*a little more*);
or, being more accurate, **Mais uma fatia** (*one more slice*).

Enough and too much
Bastante (*enough*) tends to be used hyperbolically for *rather a lot.*
Muito (*a lot*) tends to be used euphemistically for *too much.*

> É bastante caro. *It is rather expensive.*
> É muito caro! *It is too expensive!*

But note that
Enough! and *Too much!*, when controlling someone else's actions, find a rendering in, respectively, **Chega** and **É demais**.

> Chega! *It's enough! (stop there).*
> É demais! *It's too much! (go back/take away a bit).*

Is this all right? OK?
Está bem will translate *all right* to express agreement.

> Hoje não quero ovos. *I do not want any eggs today.*
> Está bem. *OK!*

You can also say **Está bem** in the sense of *it is satisfactory*. In this sense, however, a Brazilian speaker is more likely to say **Está bom!**

Anything else?
This finds its translation in **Mais alguma coisa?** If the reply is *No*, say **Não, é tudo** (*no, it's all, no, that is all*).

How much does it come to?
Just ask: **Quanto é tudo?** or
           Quanto custa tudo?

TRABALHOS PRÁTICOS
* Practise asking for a loaf of bread in five different ways, by adding **um pão** to the following beginnings:
–Quero . . .   –Queria . . .   –Desejo . . .
–Faça o favor de me dar . . .
–Pode me dar . . .
* Rearrange the words below into a question:
    tudo/é/Quanto/?

Weights and quantities

The litre ((o) **litro**) is the unit used for fluids and the kilogram ((o) **quilograma** ou **quilo**) for weights.

um litro de	*a litre of*
meio litro de	*half a litre of*
um quarto de litro de	*a quarter litre of*
um quilo (= quilograma) **de**	*a kilogram of*
meio quilo de	*half a kilogram of*

For smaller weights refer to grams (**os gramas**)

250 gramas de (duzentos e cinquenta)	*250 grams of*

125 gramas de (cento e vinte e cinco)　　　　　*125 grams of*

Eggs and bread rolls are usually sold by the dozen (**a dúzia**).

Meia dúzia de ovos.　*Half a dozen eggs.*

Mais ou menos
mais ou menos = *about, approximately (more or less)*

Mais ou menos 250 g de queijo.　*About 250 g of cheese.*

Bottles, boxes, tubes, jars
(**o**) **frasco** translates *bottle* for toileteries or medicines; (**a**) **garrafa** is
bottle for beverages. Also, you will need the word (**a**) **caixa** for *box*,
(**o**) **tubo** or (**a**) **bisnaga** for *tube*, (**o**) **pacote** for *packet* or *carton*, (**o**)
boião (Br. **o pote**) for *jar*.

TRABALHOS PRÁTICOS
* *Model sentence*
Quero uma dúzia e meia de ovos e uma garrafa de quarto de litro de
leite.　*I want one and a half dozen eggs and a one quarter litre bottle of
milk.*
Practise asking for the same amounts of bread rolls (**de pãezinhos**)
and of mineral water (**de água mineral**).
* *Model sentence*
Quero **um frasco** de **champô**.　*I want a bottle of shampoo.*
Practise similar sentences for the following:

um tubo	pasta dentífrica (*toothpaste*)
um pacote	lâminas de barbear (*razor blades*)
um tubo	creme de barbear (*shaving cream*)
uma lata	desodorizante (*deodorant*)
uma caixa	maqueagem (*make-up*) (Br. maquilagem)

Where to go shopping

Depending on where you are staying, facilities will range from the
hypermarket (**o hipermercado**) to the corner shop (**a loja de
alimentação**). You may be staying near a shopping centre (**o centro
comercial** or **a área comercial**). In a city you may prefer the
department store (**o armazém**, Br. **o empório**) to the individual shops.

TRABALHOS PRÁTICOS
* Learn the name for the following shops:

The	*baker's*	a padaria
	dairy shop	a leitaria (Br. a leiteria)

grocer's	a mercearia
fish shop	a peixaria
butcher's	o talho (**Br.** o açougue)
greengrocer's	o lugar de hortaliça (**Br.** a quitanda)
wine store	a loja de vinhos
news-stand	o quiosque de jornais *ou*
	a banca de jornais

* *Model sentence*
–Qual é o caminho mais curto para a padaria? *What is the shortest route to the baker's?*
Practise asking for the shortest route to each one of shops listed above.

* Study the notice-board below:

6° andar	6th floor
Pastelaria—Sanduicheria	*Cake shop—Sandwich bar*
5° andar	5th floor
Mobílias. Decoração. Campismo.	*Furniture. Decorating. Camping.*
4° andar	4th floor
Artigos domésticos.	*Household goods.*
3° andar	3rd floor
Aparelhagem de som e vídeo	*Sound and video equipment*
2° andar	2nd floor
Sapataria. Brinquedos. Livraria.	*Shoe shop. Toys. Bookshop.*
(Br. loja de calçado)	
1° andar	1st floor
Pronto-a-vestir. Marroquineria.	*Ready-made clothes. Haberdashery.*
(Br. Miudezas)	
rés-do-chão	Ground floor
Bijuteria. Perfumaria.	*Trinkets. Cosmetics and toiletries.*
Fotografia. Lembranças.	*Photography. Souvenirs.*
Tabacaria, jornais e revistas	*Tobacconist's and newsagent's.*

N.B. **o piso = o andar** **o rés-do-chão = o andar térreo**

* *Model mini-dialogue*
–Onde fica a secção de livraria? (Br. seção) *Where is the books department?*
–No segundo piso. *On the second floor.*

Practise similar mini-dialogues for each one of the departments. The ordinal numbers for the floors are on p. 40.

* *Model sentence*

–Podemos descer na escada rolante ou pela escada.   *We can go down on the escalator or by the stairs.*

Practise saying you can come up (**subir**) in the lift (**no ascensor**) or by the stairs (**o ascensor = o elevador**).

Gramática

Interrogatives and relatives

(O) que?   *What?*

> **(O) que** é isto?   *What is this?*

Qual? Quais?   *Which?*

> De **qual** quer?   *(Of) which do you want?*
> De **quais** quer?   (plural)

Que + noun.   *Which* + noun?

> De **que** queijo quer?   *(Of) which cheese do you want?*
> De **que** salsichas quer?   *(Of) which sausages do you want?*

Quem?   *Who?*

> **Quem** é?   *Who is that?*

De quem?   *Whose?*

> **De quem** é o carro?   *Whose is the car?*

O quê?   *What?*

que   *that, which*

> Do queijo **que** tem na mão.   *(Of) the cheese you are holding.*

que   *that, who*

> A senhora **que** está sòzinha.   *The lady who is by herself.*

preposition + **quem**   prep. + *who(m)*

> Com **quem** está hospedado?   *With whom are you staying?*

cujo, cuja, cujos, cujas   *whose, of which*

> O carro **cuja** janela está aberta.   *The car whose window is open.*

Note the difference between **(o) que é** and **qual é. (O) que** is used only when seeking a definition:

(O) que é um automóvel?   *What is an automobile?*
Qual é o carro de que gosta mais?   *What is the car you like best?*

Positional words

Onde está o que eu quero?   (*Where is the thing I want?*)
A clear knowledge of positional words will help you direct the shop-assistant to the item you want. (Revise pages 19–20)

abaixo de *below*	**à volta de** *around*
acima de *above*	**no canto** *in the corner*
entre *between, among*	**na parede** *on the wall*
junto a = **junto de** *close by*	**o chão** *floor*
em ambos os lados de ou **de um e do**	**o tecto** (Br. **teto**) *ceiling*
outro lado de *on both sides of*	

EXERCÍCIO 4.3
(A) Read the following description of a shop. Then check on your comprehension of the text by answering the questions in English.

Do lado de fora a loja tem a palavra ALIMENTAÇÃO na parede, acima da porta, que fica ao lado da montra. Dentro da loja, há, no centro, um balcão. Na parede atrás do balcão há três prateleiras. Nas paredes de um e do outro lado do balcão há prateleiras, do chão até ao tecto. Abaixo da montra há uma prateleira. No canto direito ao fundo há uma porta para a parte de trás da loja.

1 What can you read above the front door as you approach the shop?
2 Where inside the shop is the counter?
3 What is there in the right corner, at the far end of the shop?

(B) Four different customers (*A, B, C* and *D*) enter the shop. They all want a box of chocolates. Read their words to find out who wants which box.

A   Quero a caixa grande que está em cima do balcão.
B   Desejo a segunda caixa a contar da esquerda na prateleira abaixo da montra.

　　C　Queria a caixa grande entre as duas caixas pequenas na prateleira do meio atrás do balcão.

　　D　Prefiro uma das caixas pequenas à volta da caixa grande, na prateleira dentro do balcão.

Answer the following questions, using full sentences:

1　Onde está a caixa que *A* quer?
2　A caixa que *B* quer está perto ou longe da montra?
3　A caixa que *D* quer está fora ou dentro do balcão?
4　Qual é a pessoa que prefere uma das caixas pequenas à volta da caixa grande?
5　Quem quer uma caixa que está na segunda prateleira a contar de baixo, atrás do balcão?

Some and any

I want some . . .

A translation for *some* and *any* can be found in **algum** (f. **alguma**, pl. **alguns, algumas**):

> Tem **alguma** coisa para dor de estômago?　*Have you got something for a stomach ache?*
> Mais **alguma** coisa?　*Anything else?*

However, a translation for *some* and *any* is not applicable when these English words are used in their vaguest sense:

> Tem quartos vagos?　*Have you got **any** vacant rooms?*
> Quero pão.　*I want **some** bread.*
> Não tenho manteiga mas tenho margarina.　*I have not got **any** butter but I have **some** margarine.* (Revise **uns/umas**, page 21)

tudo and *todo*

Compare:

> Quanto é **tudo**?　*How much does it come to?*
> É **tudo**!　*That's all!*
> Quero o queijo **todo**.　*I want the whole cheese.*
> **Toda** a gente gosta do queijo.　*Every one likes the cheese* (Br. **Todo** (o) mundo).
> Compro deste queijo **todos** os dias.　*I buy some of this cheese every day.*

tudo (always neuter in meaning)　*all, everything*
todo (gender + number)　　　　*all, the whole; all, every(one)*

muito and *pouco*

muito (= *a lot, much*), **pouco** (= *little*)

Gosto **muito** deste café.   *I like this coffee very much.*
Gosto **pouco** daquele café.   *I don't like that coffee much.*

But note also their use as adjectives or pronouns:
muito (*a lot of, many*), **pouco** (*little, few*) in which case they change according to gender and number.

Tenho que comprar **muita** fruta mas **pouco** pão.   *I have got to buy a lot of fruit but a little bread.*
Tenho que comprar **muitas** laranjas mas **poucos** pãezinhos.   *I have got to buy a lot of oranges but just a few bread-rolls.*
Quer **muitas**? Não, quero **poucas**.   *Do you want a lot? No, just a few.*
(talking about apples = **(as) maçãs**)

um and *o*

Note that:
um (**uma, uns, umas**) and **o** (**a, os, as**) can also be pronouns:

Tenho um dicionário de inglês-português e **um** de português-inglês.   *I have got an English-Portuguese and a Portuguese-English dictionary.*
O meu carro e **o** deste senhor estão na garagem.   *My car and this gentleman's are in the garage.*
Onde está **o** que o senhor quer?   *Where is the thing you want, sir?*

In this case **o** acts as a neuter antecedent to **que**. It will not change in gender or number and it cannot be omitted as in other **o que** situations.

This one and that one

Use: **isto** (*this thing here*) for something near you or near you and the person/people you are talking to.
isso (*that thing there by you*) for something away from you but near the person/people you are talking to.
aquilo (*that thing over there*) for something away from both you and the person/people you are talking to.

Despite their -o ending, **isto**/**isso**/**aquilo** have the function of neuter demonstrative pronouns. There are corresponding masculine and feminine forms:

isto:	**este** (m.)	**esta** (f.)
isso:	**esse** (m.)	**essa** (f.)
aquilo:	**aquele** (m.)	**aquela** (f.)

Uma lata de salsichas, **daquelas** na segunda prateleira a contar de cima. *A tin of sausages, (of) those on the second shelf from the top.*

Here or there/Now or then

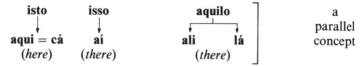

isto   isso   aquilo   a parallel concept

aqui = **cá**   **aí**   **ali**   **lá**
(*here*)   (*there*)   (*there*)

Notes:

(*a*) **aqui** and **cá**: the difference is phonetic rather than semantic.

(*b*) **ali** is nearer than **lá**.

(*c*) **aí** is near the person you are talking to;

isso é o que está **aí**, i.e., near your interlocutor and/or in his/her thoughts or words:

Isso é boa ideia! (Br. idéia)   *That is a good idea* (i.e. what you said).

(*d*) **aqui, aí, ali** and **lá** can be applied to time.

Daqui (= de + aqui) a uma semana.   *In a week's time.*

Na loja de alimentação (*in the food-shop*)

You need to make sure that you get exactly the food you want.

EXERCÍCIO 4.4

> (o) **tomate**   *tomato*
> (a) **alface**   *lettuce*
> (a) **maçã**   *apple*

Imagine yourself in the shop. Some of the items you want are near you or near both you and the assistant (*location 1*); others are relatively distant from you but near the assistant (*location 2*); others still are distinctively away from both you and the assistant (*location 3*).

Re-write the following sentences, completing them with one of the three choices in brackets:

localização

1 Queria um quilo . . . maçãs que estão aqui no balcão. (destas, dessas, daquelas)	1
2 Desejo meia dúzia .'. . pãezinhos que estão aí. (destes, desses, daqueles)	2
3 Queria mais ou menos meio quilo . . . tomates que estão ali junto à porta. (destes, desses, daqueles)	3
4 Quero uma . . . garrafas de cerveja. (destas, dessas, daquelas)	2
5 Faça o favor de me dar um . . . frangos. (destes, desses, daqueles)	3
6 Queria uma . . . caixas de margarina. (destas, dessas, daquelas)	3
7 Pode me vender . . . queijo todo? (este, esse, aquele)	1
8 Desejo quatro fatias . . . . (disto, disso, daquilo)	1
9 Quero um pouco . . . na segunda caixa a contar da esquerda. (disto, disso, daquilo)	3
10 Queria 125 g . . . . (disto, disso, daquilo).	2

Gerund

comprando (*buying*) vendendo (*selling*) partindo (*leaving*)

The present continuous tense

The gerund is used with the verb **estar** to form the present continuous tense:

I am	*buying*	*selling*	*leaving*
eu estou	comprando	vendendo	partindo

But note:
An alternative way of forming the present continuous (used in Portugal rather than in Brazil) uses **a** + infinitive, not the gerund.

eu estou etc.	a comprar	a vender	a partir

The continuous present is preferred to the present indicative to convey emphasis on the unfolding of something which is taking place now:

> Estudo a lição 4.
> **Estou estudando** a lição 4. ⎫
>   ⎬ *I am studying lesson 4.*
> **Estou a estudar** a lição 4. ⎭

Portuguese rendering of -ing

A gerund does not always translate the English *-ing*, which finds its Portuguese equivalent in the infinitive in the following cases:

(*a*) after a preposition:

> Máquina de **filmar**   *Filming machine (camera)*
> Gosto de **beber** chá.   *I like drinking tea.*

(*b*) when it fulfils the function of a noun:

> *É proibido* **acampar**.   *No camping.*

N.B.   An infinitive is not the only possible rendering for the *-ing* form used as a noun or adjective:

> (o) parqueamento *or* (o) estacionamento   *parking*; (a) limpeza *cleaning*; interessante   *interesting*.

Comparatives and superlatives

  (i)   **tão . . . como**   *as . . . as, so . . . as*

> Peter é **tão** alto **como** Mary.
> Peter não é **tão** alto **como** Mary.
> Peter fala português **tão** fluentemente **como** Mary.

> **tanto/tanta/tantos/tantas . . . como**   *as/so much* and *as/so many . . . as*

> Peter tem **tanta** bagagem **como** Mary.
> Peter tem **tantos** sacos **como** Mary.

 (ii)   **mais . . . do que**   *−er than, more . . . than*

> Peter é **mais** alto **do que** Mary.
> Peter fala português **mais** fluentemente **do que** Mary.
> Peter tem **mais** bagagem **do que** Mary.
> Peter tem **mais** sacos **do que** Mary.

(iii)   **o mais . . .**   *the −est, the most . . .*

> Peter é **o mais** alto (de todos).
> Peter fala português **o mais** fluentemente (de todos).

a maior quantidade de . . .   *the most, the largest quantity of*

Peter tem a **maior quantidade de** bagagem (de todos).

o maior número de . . .   *the most, the largest number of*

Peter tem o **maior número** de sacos (de todos).

(iv)   **muito**   *very*

Peter é **muito** alto.
Peter fala português **muito** fluentemente.

muito/muita/muitos/muitas   *much, a lot of*

Peter tem **muita** bagagem.
Peter tem **muitos** sacos.

(v)   **-íssimo/-íssima/-íssimos/-íssimas**   *most, extremely; a very large quantity/number of* **-issimamente**   *extremely*

Peter é alt**íssimo**.
Peter tem mult**íssima** bagagem.
Peter tem mult**íssimos** sacos.
Peter fala português fluent**issimamente**.

Irregular comparatives

grande	**maior**	muito	**mais**
pequeno	**menor**	pouco	**menos**
alto	**superior**	bom; bem	**melhor**
baixo	**inferior**	mau, ruim; mal	**pior**

Irregular superlatives

grande	**máximo**	muito	**o mais**
pequeno	**mínimo**	pouco	**o menos**
alto	**supremo**	bom; bem	**óptimo; optimamente** (Br. **ótimo; otimamente**)
baixo	**ínfimo**	mau, ruim; mal	**péssimo; pessimamente**

Notes: The forms **mais grande** and **mais pequeno** coexist with **maior** and **menor**.
Mais alto and **mais baixo** are used in a physical sense, **superior** and **inferior** in a more abstract sense, as in **valor superior** (*higher value*).

Estas maçãs são mais caras do que aquelas, mas são também **melhores**.   *These apples are more expensive than those, but they are also better.*
Este queijo é de qualidade **superior**.   *This cheese is of excellent quality (superior quality).*

Comprando vestuário e calçado
(*buying clothes and footwear*)

EXERCÍCIO 4.5
Vera has seen a track-suit she likes but it may not be the right size for her

provar *to try (on)*	**um tamanho acima** *one size above*
apertado *tight*	
largo *loose, wide*	**um tamanho abaixo** *one size below*
igual a *the same as*	

Read the dialogue with the shop assistant Rosa.

V.   (*provando o fato de treino*) Está apertado. (*para R.*) Pode me mostrar um fato de treino igual a este mas maior, talvez dois tamanhos acima?
R.   Um momentinho.
    (*trazendo um fato dois tamanhos acima*) Faça o favor de provar este.
V.   (*provando o segundo fato*) Este está largo. Desculpe, mas pode me mostrar um fato um tamanho abaixo?
R.   (*trazendo outro fato*) Este é um tamanho abaixo.
V.   (*provando o terceiro fato*) Ah! este tamanho está bom. Fico com ele.

Answer the following questions (full sentences, please).

1   Vera quer comprar um fato de treino?
2   (*a*) Vera está provando fatos de treino?
    (*b*) Vera está a provar fatos de treino?
3   Quantos fatos é que ela prova?
4   O primeiro está apertado ou largo?
5   Qual dos fatos está bem, o que é um tamanho acima do primeiro ou o que é dois tamanhos acima do primeiro?

EXERCÍCIO 4.6

1. (a) **camisa** *shirt*	(o) **calção de banho** *swimming trunks*
2. (a) **blusa** *blouse*	
3. (o) **vestido** *dress, frock*	(o) **par de** . . . *pair of* . . .
4. (o) **casaco** *coat*	7. **calças** (f.) *trousers*
5. (o) **fato** *suit (for men)*	8. **meias** (f.) *socks; stockings*
(Br. **o terno**)	9. **sapatos** (m.) *shoes*
6. (o) **fato de banho** *bathing-suit*	10. **colans** (m./f.) *tights*
(Br. **o maiô**)	11. **sandálias** (f.) *sandals*

Referring in the singular to items that come in pairs is more common in Brazil than in Portugal. E.g. **a calça, a meia, o sapato,** etc.

Que cor?   *What colour?*

(*a*)	**preto** *black*	(*f*)	**amarelo** *yellow*
(*b*)	**branco** *white*	(*g*)	**verde** *green*
(*c*)	**cinzento** *grey*	(*h*)	**azul** *blue*
	(Br. **cinza**)	(*i*)	**claro** *light*
(*d*)	**castanho** *brown*	(*j*)	**escuro** *dark*
	(Br. **marrom**)	(*k*)	**em cor natural** *in*
(*e*)	**vermelho** *red*		*natural colour*

(A)   Pode me mostrar uma camisa branca? (1(*b*))

Following the above example, carry on asking for the items in the first vocabulary box. The letters in brackets in the second vocabulary box will tell you what colour to select.

1	(*b*)	7	(*h*) (*j*)
2	(*g*)	8	(*b*)
3	(*f*) and (*h*)	9	(*a*)
4	(*e*) and (*h*)	10	(*i*)
5	(*d*) (*i*)	11	(*k*)
6	(*e*) and (*c*)		

De que é feito/a? (*What is it made of?*)

(*a*)	(a) **lã** *wool*	(*f*)	(o) **nailon** *nylon*
(*b*)	(o) **algodão** *cotton*	(*g*)	(o) **poliéster** *polyester*
(*c*)	(a) **seda** *silk*	(*h*)	(o) **couro** *leather*
(*d*)	(o) **linho** *linen*	(*i*)	(a) **pelica** *kid*
(*e*)	(a) **sarja** *denim*		

(B)   Pode me mostrar uma camisa branca, de algodão? (1(*b*))

Carry on asking for the items in (A) above, but adding reference to the type of material.

1	(*b*)	5	(*g*) and (*a*)	9	(*i*)
2	(*c*)	6	(*f*) and (*b*)	10	(*f*)
3	(*d*)	7	(*e*)	11	(*h*)
4	(*a*)	8	(*b*)		

Passive voice

The passive is formed as follows:
Verb **ser** + past participle of the main verb:

Estes object**os** são transportad**os** gratuitamente.

The past participle agrees in gender and number with the subject of the sentence.

The agent, when expressed, is introduced by **por**:

Estes objectos são transportados gratuitamente pelo pessoal da Companhia. *(. . . by the Airline's staff)*

However, the passive voice is not used as widely in Portuguese as in English. The English passive often finds a Portuguese rendering in a reflexive verb:

Fala-se Inglês. *English (is) spoken.*
Vende-se *is* } *for sale* { *(one item)*
Vendem-se *are* } { *(more than one item)*

Aceitam-se cheques. *Cheques are accepted.*
Podem-se comprar selos aqui. *Stamps can be bought here.*

(Revise Reflexive Verbs, p. 66.)

O pagamento (*the payment*)

Find out how you can pay for your shopping!

EXERCÍCIO 4.7

(o) **cartão de crédito** *credit-card*   **a dinheiro** *cash*
(o) **cheque** *cheque*

Read the following question and reply, which took place at a shop with this notice in the window:

Aceitam-se cheques
e cartões de crédito

– Posso pagar com este cartão de crédito?   *May I pay with this credit-card?*

– Pode. *Yes, you may.*

Write down the replies that are likely to be given to the following questions (give brief answers, avoiding answering with 'sim'):
1 Aceitam American Express? (*aceitar*)
2 Posso pagar com Eurocheque? (*poder*)
3 É preciso pagar a dinheiro? (*ser*)

Prova de Compreensão

(a) cortiça *cork*	**(o) ouro** *gold*
(o) barro *earthenware*	**(a) filigrana** *filigree*
(a) prata *silver*	**(a) joalharia** *jewellery shop*

A Portuguese tourist guide is giving his group some suggestions about souvenirs they can buy in the country. Answer the following questions on her words:
1 Where can you find a wide range of gifts for the youngest to the oldest?
2 Where can you see the oak tree the bark of which provides material for a variety of ornaments?
3 What is said about the 'rooster of Barcelos'?
4 What doll in a regional national dress is said to be rather colourful and pretty?
5 What two names are given for a jewellery shop?

Guide:

Nas lojas de artigos regionais—que também se chamam lojas de lembranças—encontram-se presentes para todas as idades, do mais novo ao mais velho.

Há caixas e vários outros ornamentos feitos de cortiça. A cortiça é extraída do sobreiro, árvore que abunda no Alentejo.

Para um presente mais barato, têm um artigo de barro como, por exemplo, o galo de Barcelos.

As crianças gostam sempre de brinquedos. Para uma menina sugiro uma boneca em traje regional. 'Traje regional' significa 'vestido típico da região'. O traje do Minho tem bastante cor e é bastante bonito.

Para os que preferem levar uma jóia de prata ou de ouro, sugiro uma jóia em filigrana. A filigrana de prata ou de ouro vende-se nas lojas da especialidade, as joalharias ou ourivesarias.

5 Cheguei na quarta-feira passada

This unit takes you around the clock and throughout the year—weeks, months, seasons . . . and weather. You will also be shown how to report something.

Diálogo

Em casa dos Moreira (*at the Moreiras' home*)

(*Márcia Moreira abre a porta*)

Márcia   Ah!, é o senhor! Como está?

Sérgio   Bem, obrigado. E a senhora e seu marido?

Márcia   Estamos bem, obrigada. Entre, faz favor. . . . Deseja despir o casaco?

Sérgio   Desejo, sim. Obrigado. (*despe o casaco e Márcia pendura-o.*)

Márcia   Sente-se, faz favor. (*Sérgio senta-se.*) Que prefere, uísque, café . . . ?

Sérgio   Um café, sem leite e sem açúcar, faz favor.

Márcia   Um momentinho. Volto já.

Márcia volta com o café.

Sérgio   Muito obrigado.

Márcia   De nada. Então quando chegou?

Sérgio   Cheguei há dois dias. Sim . . . , estou cá há dois dias, desde quarta-feira e vou-me embora segunda-feira.

Márcia   Por que não fica mais tempo?

Sérgio   Porque tenho que voltar o mais cedo possível. Tenho que estar no escritório terça-feira ou antes.

Márcia   Então fique para jantar hoje.

Sérgio   Oh! não. Não se incomode.

Márcia   Não é incómodo nenhum.

Sérgio   Então está bem. Com muito prazer.

entre   *come in* (request form)
despir   *to take off (clothes)*
pendura-o   *hangs it up*
sente-se   *sit down* (request form)
(o) uísque   *whisky*
volto já   *I'll be back in a moment* (lit. *(I) return + presently*)
então   *then*
quando chegou?   *when did you arrive?* (lit. *when + (you) arrived?*)
cheguei há dois dias   *I arrived two days ago* (lit. *(I) arrived + there are two days*)
estou cá há dois dias   *I have been here for two days* (lit. *(I) am here + there are two days*)
desde   *since*
4ª-feira; 2ª-feira   *Wednesday; Monday*

vou-me embora   *I am going away*
por que . . . ? porque   *why . . .? because . . .*
mais tempo   *longer, more time*
tenho que   *I have got to*
o mais cedo possível   *as early as possible, the earliest possible*
3ª-feira ou antes   *by Tuesday or before*
fique   *stay* (request form)
hoje   *today/tonight*
não se incomode   *do not inconvenience yourself*
não é incómodo nenhum   *it is no trouble* (Br. **incômodo**)
com muito prazer   *with much pleasure*
fazer uma visita   *to pay a call*

EXERCÍCIO 5.1   Certo ou errado?
1 Márcia abre a porta.
2 Sérgio entra, despe o casaco e senta-se.
3 Sérgio prefere um uísque e um café com açúcar.
4 Sérgio não fica para jantar com os Moreira.

EXERCÍCIO 5.2   Perguntas e respostas
1 Quem faz uma visita a quem?
   (a)   Márcia a Sérgio.
   (b)   Sérgio a Márcia.
2 Há quanto tempo é que Sérgio está cá?
   (a)   Está cá há cinco dias.
   (b)   Está cá há dois dias.
3 Quando é que Sérgio chegou?
   (a)   Chegou na segunda-feira.
   (b)   Chegou há quatro dias.
   (c)   Chegou há dois dias, na quarta-feira.
4 Sérgio fica cá muito tempo?
   (a)   Fica, fica muito tempo.

    (b)   Não, não fica muito tempo. Fica dois dias.
    (c)   Não, não fica muito tempo. Fica pouco tempo.

Comentário

How are you?

When you meet an acquaintance or a friend, here are some alternatives to **Como está?** (*How are you?*)

    Como vai? (verb **ir**) **Como passa?** (verb **passar**)

Possible replies, in decreasing order of wellbeing would be:

Óptimo (Br. Ótimo) *excellent*
Muito bem *very well*
Bem or **Tudo bem** *Well, everything's O.K.*
Mais ou menos or **Não muito bem** *not too bad*
Mal *not well*
Muito mal *rather unwell*

Enquiring about a third person you could say:

    Como está/vai/passa sua mãe? *How is your mother?*

When parting, you can say **Passe bem** (*Keep well*).

Sending regards to someone:

    Faça o favor de dar cumprimentos meus a sua mãe. *Would you please give my regards to your mother.*

TRABALHO PRÁTICO
Model sentence

– Passe bem. Cumprimentos a seu marido. *Keep well. Regards to your husband.*

Rearrange the jumbled up words below so as to make sense.
–bem/Cumprimentos/filha/./Passem/./vossa/a

Requests

The new request form you have come across in the initial dialogue of this unit is more assertive and, hence, not so courteous as the form we were using before.

Faça o favor de sentar-se.   *Would you please take a seat?*
Sente-se.   *Sit down.*

The latter can be toned down by adding **faz favor,** for example:

Sente-se, faz favor.

(See also Imperative in the Grammar section, pp 102–3.)

Telling the time

Que horas são?   (*What is the time?*)

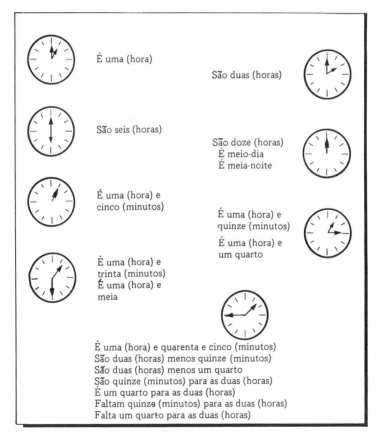

É uma (hora)

São duas (horas)

São seis (horas)

São doze (horas)
É meio-dia
É meia-noite

É uma (hora) e
cinco (minutos)

É uma (hora) e
quinze (minutos)

É uma (hora) e
um quarto

É uma (hora) e
trinta (minutos)
É uma (hora) e
meia

É uma (hora) e quarenta e cinco (minutos)
São duas (horas) menos quinze (minutos)
São duas (horas) menos um quarto
São quinze (minutos) para as duas (horas)
É um quarto para as duas (horas)
Faltam quinze (minutos) para as duas (horas)
Falta um quarto para as duas (horas)

Both the 12-hr and the 24-hr clock readings are generally used but the former is more colloquial.

TRABALHO PRÁTICO

You have asked the time on different occasions. Compare what you have been told with the times shown on your informant's watch.

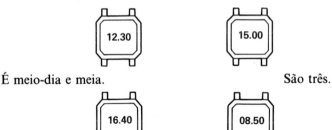

É meio-dia e meia.   São três.

São cinco menos vinte.   Faltam dez para as nove.

Times of the day

You can add **da manhã**, **da tarde**, or **da noite** to your clock reading (**nove horas da noite** = *9.00 pm.*). If you wish to refer to the parts of the day but with no mention of time, then say:

de manhã   *in the morning*
de tarde   *in the afternoon/early evening*
à noite   *in the late evening/at night*

> **De manhã** como cereais com leite.   *In the morning I eat cereals with milk.*
> Parto hoje **à noite**.   *I am leaving tonight.*

De noite means *at night* in the sense of *during the night*.

> Está escuro **de noite**.   *It is dark at night.*

Hoje de manhã means *this morning,* **hoje de tarde** means *this afternoon* (or *early evening*) and **hoje à noite** means *tonight* (or *late evening*). However, **esta manhã, esta tarde** and **esta noite** are also heard.

For *see you tomorrow* say **até amanhã** (lit. *until tomorrow*) and for *see you tomorrow morning* say **até amanhã de manhã**. In Portugal, **até logo** will mean *see you later today* but in Brazil it will mean *see you before long* (but not necessarily the same day). The latter meaning finds a more widely used rendering in **até à próxima** (lit. *until next time,* the word **vez** (*time, occasion*) being understood).

TRABALHO PRÁTICO
Model sentence

– Encontramo-nos amanhã de tarde, às quatro em ponto.
We are meeting tomorrow afternoon, at four sharp.

Change the meeting to tonight (**hoje à noite**) at around eight (**à volta das oito**).

Days of the week

Que dia da semana é hoje? *What day of the week is it today?*

os 7 dias da semana

Domingo	*Sunday*	**Quinta-feira**	*Thursday*
Segunda-feira	*Monday*	**Sexta-feira**	*Friday*
Terça-feira	*Tuesday*	**Sábado**	*Saturday*
Quarta-feira	*Wednesday*		
Note **terça** not **terceira**			

(**o**) **fim de semana** corresponds to *weekend* and (**o**) **feriado** is *bank holiday*.

TRABALHO PRÁTICO
Model sentence

– Encontramo-nos no fim de semana, Sábado às duas da tarde. *We are meeting at the weekend, Saturday at 2 pm.*

Change your date to Sunday (**Domingo**) at 11 am. (**às onze da manhã**).

Months of the year

Que data é hoje? *What is the date today?*

os 12 meses do ano

Janeiro	*January*	**Julho**	*July*
Fevereiro	*February*	**Agosto**	*August*
Março	*March*	**Setembro**	*September*
Abril	*April*	**Outubro**	*October*
Maio	*May*	**Novembro**	*November*
Junho	*June*	**Dezembro**	*December*

Note

Days of the week and months may start with either capital or lower-case letters. Unlike English, years are not read in hundreds. *1999 =* **mil, novecentos e noventa e nove,** but in English, *nineteen ninety-nine.* Cardinal numbers are used for the days of the month, e.g. **vinte de Agosto,** the twentieth August.

TRABALHOS PRÁTICOS
* *Model mini-dialogue*

– Quando faz anos?   *When is your birthday?*
– Faço anos a três de Dezembro.   *My birthday is on the third of December.*
Write a similar dialogue with a change of date: the tenth of January **(dez de Janeiro).**
* Put the words below in the right order and write in full the following date: 2/XII/2012

dois/dois/doze/e/de/mil/de/Dezembro

Seasons

As quatro estações do ano   *(the four seasons)*

| (a) **primavera** | *spring* | (o) **outono** | *autumn* |
| (o) **verão** | *summer* | (o) **inverno** | *winter* |

Note:
Both small case and capital letter are used.

TRABALHO PRÁTICO
Model sentences

– Em Dezembro é Inverno em Portugal e você precisa usar roupa quente.   *In December it is winter in Portugal and you need to wear warm clothes.*
– Em Dezembro é Verão no Brasil e você . . .
Write a statement about the clothes to wear, i.e. light clothes **(roupa leve).**

Dates and greetings

You may want to send a Christmas card or express your wishes verbally. Study the contents of the chart below and find the right words for each occasion.

Natal e Ano Novo
  Christmas and New Year
	Feliz Natal e Próspero
	  Ano Novo

Páscoa *Easter*	Feliz Páscoa
Dia de anos = Aniversário *Birthday*	Parabéns. Feliz aniversário
Aniversário de casamento *Wedding anniversary*	Parabéns. Feliz aniversário
Casamento *Wedding*	Parabéns e Felicidades
Nascimento *New-born baby*	Parabéns e Felicidades
Falecimento *Bereavement*	Sentidos pêsames
Êxito *Success*	Parabéns

Gramática

Preterite tense

I have . . .	*I bought* *bought*	*I sold* *sold*	*I left* *left*
eu	comprei	vendi	parti
tu	compraste	vendeste	partiste
o sr/a sr^a, você } ele/ela }	comprou	vendeu	partiu
nós	compramos	vendemos	partimos
os srs/as sr^{as}, vocês } eles/elas }	compraram	venderam	partiram

Use this tense for:

1. an action/event (or a series of actions/events) which was completed at some definite time in the past:

   Cheguei na quarta-feira passada. *I arrived last Wednesday.*

2. an action/event (or a series of actions/events) which has been completed at some indefinite time in the past, including recent past:

> Jant**ei** em casa dos Moreira. *I have had dinner at the Moreiras'.*
> Já acab**ou** o chá? *Have you finished your tea?*

Já/já não/ainda/ainda não

Já can refer to a point in time both in the future and in the past. The approximate meaning is, respectively, *straight away* and *already* or *ever*.

> Volto **já**. *I'm coming back in a moment.* (verb. in Present)
> **Já** está! *It's done!* (= already done)
> **Já** foi ao Algarve? *Have you ever been to the Algarve?* (verb in Preterite)

In the last case **alguma vez** can be added.

> Já foi ao Algarve **alguma vez**? *Have you ever been to the Algarve?*

Possible replies are:

> Sim, **já** fui ao Algarve. *Yes, I have been to the Algarve* (or simply **Já**).
> Não, **ainda não** fui ao Algarve. *No, I have not yet been to the Algarve* (or simply **Ainda não**).

Note: **ainda não** = *not yet*
Ainda can translate *still*:

> **Ainda** mora em Edimburgo? *Do you still live in Edinburgh?*

Possible replies:

> Sim, **ainda** moro em Edimburgo (*or simply* **Ainda**). *Yes, I still live in Edinburgh.*
> Não, **já não** moro em Edimburgo (*or simply* **Já não**). *No, I no longer live in Edinburgh.*

Note: **já não** = *no longer*
Br. (**já**) **não mais**, **já não** moro **mais** *or* **não** moro **mais**

por que . . . ?/por quê?, porque . . . /por causa de . . .

por que . . . ? *why . . . ?*   **porque . . .** *because . . .*
por quê? *why?*   **por causa de** (+ noun) *because of . . .*

—**Por que** comprou este xale? *Why have you bought this shawl?*
—**Por causa da** cor. *Because of its colour.*
—**Por quê!?** *Why!?*
—**Por causa da** cor. **Porque** gosto da cor. *Because of its colour.*
Because I like its colour.

As horas (*the time*)

Your watch may be right or not, you may be on time . . . or not!

EXERCÍCIO 5.3

(A)

certo *right, correct*   **adiantado** *fast*   **atrasado** *slow*

Que horas são no seu relógio? *What is the time by your watch/clock?*
(lit. *on your watch/clock*)

João's watch and his friend Pedro's are not showing the same time.

João:	No meu relógio . . . falta um quarto para as dez (da manhã)	Pedro: No meu . . . são dez para as dez (da manhã)

For the correct time João telephoned the Speaking Clock (**a Informação Horária**) and heard the following information:

> nove horas e quarenta e cinco minutos

Answer the following questions:

1 O relógio do João está certo, atrasado ou adiantado?
2 O relógio do amigo dele está certo, atrasado ou adiantado?

(B)

a tempo *on time*   **atrasado** *late (to be)*
adiantado *early (to be)*   **tarde** *late (to arrive)*
cedo *early (to arrive)*

João had arranged to meet Pedro at 10 am. Who might have truthfully said what?
Answer with **Pedro**, **João** or **Nem um nem outro**.
On their way to the meeting:

1 Não estou nem atrasado nem adiantado.
2 Estou adiantado.
3 Estou atrasado.

Once there:
4 Cheguei a tempo.

5   Cheguei tarde.
6   Cheguei cedo.

EXERCÍCIO 5.4
A que horas . . . ?   (*at what time . . . ?*)
Study the announcements below:

BUATE — RESTAURANTE
Night club — Restaurant

ABRE
`AS 8 H DA NOITE

SERVE-SE JANTAR
A PARTIR DAS 8:30 H

ESTÁDIO
STADIUM

BILHETEIRA ABERTA A PARTIR
DAS 2 H DA TARDE *

PRÓXIMA PARTIDA
Next Departure

Cais do Sodré   8.00
                 ↓
                 8.35
Estoril
                 8.45
Cascais

CINEMA

1ª matiné   15h00
2ª matiné   18h00

soiré   21h30

MARCO DO CORREIO **
Letter Box

Tiragens
Collections

7h00
12h00
21h00   ***

PISCINA
Swimming Pool

ABERTA

Entre as 8 H da manhã
e as 6 H da tarde

FARMÁCIA
DE SERVIÇO

Duty Chemist

Aberta toda a noite

BIBLIOTECA
Library

DAS 9'H DA MANHÃ
`AS 9 H DA NOITE

MUSEU — GALERIA DE ARTE
Museum — Art Gallery

HORAS DE ABERTURA
Opening hours

DAS 11H00   `AS 16H00

MÉDICO — CLÍNICA GERAL
Doctor — General Practice

CONSULTAS

Das 17:00 H   `As 20:00 H

*Br: bilheteria aberta a partir
**Br: caixa postal
***Br: recolhas

Answer the following questions. Give brief replies. Avoid answering with **sim**.

1 A que horas é que a buate abre?
2 Posso jantar na buate às oito e meia?
3 São onze horas. A que horas é que é a próxima tiragem?
4 A primeira matiné acaba antes das seis e meia?
5 Falta um quarto para as dez. A soiré já começou?
6 Vendem-se bilhetes para o futebol à uma hora?
7 A biblioteca está aberta à hora do almoço?
8 A que horas há consulta?
9 Quais são as horas de abertura da farmácia de serviço?
10 A que horas é que o museu fecha?
11 A que horas é que a piscina está aberta?
12 Estoril. 8h15. A que horas é que chega o próximo comboio do Cais do Sodré?
13 Cais do Sodré. 7h30. A que horas parte o próximo comboio para Cascais?
14 Cais do Sodré. 8h25. O comboio para Cascais já partiu?
15 Cascais. 8h40. O comboio do Cais do Sodré já chegou?

O tempo (*the weather*)

Study the following sentences about the weather:

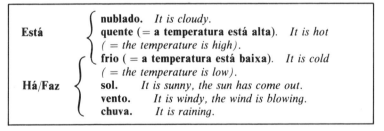

Está	{	**nublado.** *It is cloudy.*
		quente (= **a temperatura está alta**). *It is hot* (= *the temperature is high*).
		frio (= **a temperatura está baixa**). *It is cold* (= *the temperature is low*).
Há/Faz	{	**sol.** *It is sunny, the sun has come out.*
		vento. *It is windy, the wind is blowing.*
		chuva. *It is raining.*

Some tips to help you describe the weather correctly:
1. Use **está** (verb **estar**) with a past participle (e.g., **nublado**) or with an adjective (e.g., **quente**).
2. Use **faz** (verb **fazer**) or **há** (verb **haver**) with a noun (e.g., **sol**).
Note that **frio** can be both noun and adjective:
(**o frio** = *the cold*, **um dia frio** = *a cold day*). As a result it fits into the two categories above and it can be used with any of the verbs. By analogy, **está** is often used with **calor** (*heat*) as an alternative to **quente**. (Está calor = **Está quente**.)

EXERCÍCIO 5.5
O boletim meteorológico   (*the weather report*)

(A) Find a combination for the half-sentences below that will suit the signs on the map:

1 Há sol	*(a)* no Porto
2 Faz vento	*(b)* em Lisboa
3 Há chuva	*(c)* nordeste-sudoeste
4 Está muito nublado	*(d)* a sul do Rio Tejo
5 Estão 26°C (graus C)	*(e)* a norte do Rio Douro
6 Estão 24°C (graus C)	*(f)* a norte do Rio Tejo

(B) Answer the following questions (give full answers):

1   Faz mais calor no Porto ou em Lisboa?
2   A temperatura está mais baixa em Lisboa ou no Porto?
3   Há bom tempo no norte ou no sul?
4   Como é que está o tempo a norte do Rio Douro?
5   Há vento de nordeste?
6   Onde é que há chuva?

(C) Re-write the report you have obtained in **A** but for last weekend. Start with: **No fim de semana passado, houve sol . . .**

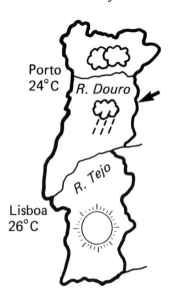

Imperative or Command forms

buy!	*sell!*	*leave!*	when addressing . . .
compra	vende	parte	one person (i)
compre	venda	parta	one person (ii)
comprem	vendam	partam	more than one person (iii)

(i)   a person with whom you would have used the verbal form for **tu**.
(ii)   a person with whom you would have used the verbal form for **o sr/a sr^a, você**.
(iii)   plural for both (i) and (ii).

Note:
Compremos/vend**amos**/part**amos** will render the English *Let us buy/sell/leave*.

We have seen three ways of asking someone to do something:

(1) Infinitive   **Apertar o cinto.**
(2) **Faça o favor de**   **Faça o favor de**   *Fasten your seatbelt.*
    +infinitive   **apertar o cinto.**
(3) Imperative   **Aperte o cinto.**

You will see (1) on the lit-up instruction inside the plane. Should you ignore (1) the stewardess will say (2) to you, very courteously, or less so (3).

The imperative is an alternative to the infinitive in public instructions. It is a more direct approach:

> **Puxe** instead of **Puxar.** *Pull.*
> **Pare Olhe Escute.** *Stop, look, listen* (at unguarded railway crossing).

EXERCÍCIO 5.6
Um dia na minha agenda (*A day in my diary*)

levantar-se *to get up (out of bed)*
deitar-se *to go to bed*

(A) This is your plan for tomorrow:

– Levantar-me cedo.
– Tomar o pequeno almoço no quarto.
– Ir ao aeroporto esperar Rui Pinto, que chega do Rio.
– Almoçar com Rui Pinto.
– Ir ao escritório de Pedro Chagas.
– Jantar no hotel.
– Deitar-me.

You have listed your tasks in the infinitive. Change them to the present, as if you were going mentally through your plan. Start with:
Amanhã, levanto-me cedo; tomo . . .

(B) Two days later, you are talking about what you did the day before. Change your plan for tomorrow into a report on yesterday. Start with: **Ontem, levantei-me . . .**

(C) Now imagine that you have made the list in (A) for someone else. Give your instructions, starting with: **Amanhã, levante-se . . .**

How long?/for/ago

Notice that all three find a rendering in **há**.

Há quanto tempo está cá?	*how long*	
Estou cá **há** dois dias.	*for*	(verb in the Present)
Cheguei **há** dois dias (**atrás**)	*ago*	(verb in the Preterite)

por (for)

The word for *for* (or *per/a(n)*) is **por**:

Fico com o quarto **por** três noites.   *I am having the room for three nights.*
Quanto é **por** noite?   *How much is it a night?*

But **por** is static. When duration is involved use **durante**:

Trabalho **durante** uma hora todos os dias.   *I work for an hour every day.*

faltar

Faltar means *to be missing* (in relation to a desired or expected whole or completion).

Falta   alguma coisa?   *Is there anything missing?*
Faltam   5 minutos para as 8. = São 5 minutos para as 8.   *It is 5 minutes to 8.*

Faltar a is *to fail to fulfil a duty*.

Hoje **faltei a**o trabalho.   *Today I have missed work.*

saber and *poder*

Both **saber** and **poder** translate *can*, but use **saber** for knowledge or ability and **poder** for possibility or permission.

Sei cantar mas hoje não **posso**; perdi a voz.   *I can sing but not today; I've lost my voice.*

sei = *I can*
(knowledge, ability)

posso = *I can* (possibility; permission)

Sabe falar português?
Can you speak Portuguese?

Posso falar?   *May I speak?*

(*a*) *vez* (*time, occasion*)

Note the following examples: alternatives

quantas **vezes**?	*how many times? how often?*	
duas **vezes**	*twice*	
às **vezes**	*sometimes*	**ocasionalmente**
muitas **vezes**	*often*	**frequentemente**
poucas **vezes**	*seldom*	**raramente**
outra **vez**	*again*	**novamente**

EXERCÍCIO 5.7

Tenho aula de português três vezes por semana. *I have a Portuguese class three times a week.*

---

amável *kind (polite)*   **fazer erros** *to make mistakes*
aprender *to learn*   **corrigir** *to correct*

Fala português = Sabe falar português.

Rearrange the following dialogue so as to make sense:

(a) – Está. Há quanto tempo aprende português?
(b) – Obrigado. Você é muito amável. Às vezes faço erros. Corrija-
-me, está bem?
(c) – Fala português muito bem.
(d) – Há um mês. Tenho aula três vezes por semana, à 2ª, 4ªe
6ª-feira. Também estudo em casa durante uma hora todos
os dias.

Prova de Compreensão

---

km² = quilómetro
quadrado *square kilometre*
  (Br. **quilômetro**)
(a) fronteira *frontier, border*
(a) costa *coast, coast-line*
(o) fuso horário *time zone*

(o) habitante *inhabitant*
húmido *humid, damp*
  (Br. **úmido**)
(a) gente *people*
(o) planalto *plateau*

Brazilian Lenita tells you about Brazil, the giant of Latin America,
covering about half the continent.

Answer the following questions on the map and her words below:

1   What is the surface area of Brazil and what is its population?
2   With how many countries does Brazil have a border and how long is its coast-line?
3   What is said about the political and regional divisions of Brazil?
4   What is said about climate, flora and fauna in the North?
5   What is said about São Paulo, Rio de Janeiro and Brasília?

Divisão política e divisão regional do Brasil

Lenita:
   – O Brasil tem aproximadamente 8 511 965 km² de superfície. Tem fronteira terrestre com dez países e uma costa com 7 408 km de comprimento. O país estende-se por quatro fusos horários. Tem mais de 115 400 000 habitantes.
   Politicamente o Brasil está dividido em vinte e dois estados, quatro territórios e o Distrito Federal, zona neutralizada onde fica Brasília, a capital.

Regionalmente, o Brasil está dividido em cinco regiões: o Norte, o Nordeste, o Centro Oeste, o Sudeste e o Sul.

O Brasil oferece grande variedade regional por causa do seu tamanho gigantesco. No norte, tem o imenso rio Amazonas, com a sua vegetação e animais equatoriais e o seu clima úmido e quente. No sul, tem São Paulo, uma das cidades maiores do·mundo, com muita indústria . . . e muita gente.

Rio de Janeiro é uma das principais cidades. Fica no litoral e foi a capital do país antes de Brasília, que fica situada no Centro Oeste, no planalto central, e é a capital desde 1960.

6 Virei amanhã

This unit aims at teaching you how to give precise instructions when you have work done for you as, for example, at the filling station, the hairdresser's or in the house. You will also be given further practice in the use of services in general, including car hire, bank, post-office and telephone.

Diálogo

Numa garagem (*in a garage*)

Paula   Boa tarde. Encha, faz favor. Ontem meti dois mil e hoje o tanque já está quase vazio.
Felipe   (*mete a gasolina*) Pronto! Está cheio.
Paula   Pode me verificar a pressão dos pneus e o nível do óleo?
Felipe   (*verificando*) A pressão dos pneus está bem . . . mas o nível do óleo está baixo.
Paula   Então meta uma lata de óleo.
Felipe   De que óleo é que a senhora quer?
Paula   Deste.
(*Felipe mete o óleo.*)
Paula   Não sei se será preciso meter água no radiador.
Felipe   (*verificando*) Não, não é.
Paula   Pode me também limpar o pára-brisas, faz favor. Está muito sujo. Lavei o carro há dois dias, mas hoje, quando conduzia na estrada, cruzou-se comigo um caminhão que me sujou o carro com lama.
(*Felipe limpa o pára-brisas.*)
Paula   Faz favor meta também água no depósito do limpa-pára--brisas. (*Felipe mete a água.*)
Felipe   Já está! Deseja mais alguma coisa?
Paula   Hoje, não, obrigada. Mas voltarei amanhã para lavar o carro.
(*Paula paga.*)
Paula   Fique com o troco.
Felipe   Obrigado. Boa viagem.

encher *to fill*
meter *to put in*
dois mil *two thousand*
(referring to money-worth of
fuel)
o tanque *tank*
quase *almost*
vazio *empty*
pronto! *ready! finished!*
cheio *full*
para lavar o carro *for a car
wash* (lit. *for + to wash + the
car*)
pode me verificar . . . ? *can
you check . . . for me?* (lit. *can
(you) + me + to check*)
a pressão dos pneus *tyre
pressure*
o nível do óleo *oil level*
não sei *I don't know*
será preciso *it will be necessary*

limpar *to clean, wipe*
o pára-brisas *windscreen*
muito sujo *very dirty*
conduzia na estrada *I was
driving along* (lit. *on*) *the road*
(Br. **dirigia**)
**cruzou-se comigo um
caminhão** *a lorry passed me*
(lit. *crossed + itself + with
me + a lorry*)
**me sujou o carro com
lama** *splashed my car with
mud* (lit. *me + dirtied + the
car + with mud*)
(o) limpa-pára-brisas
windscreen-wiper
(Br. **limpador de pára-brisas**)
voltarei *I shall come back*
boa viagem! *have a good
journey!*

EXERCÍCIO 6.1 Certo ou errado?

1 Paula verifica a pressão dos pneus.
2 Felipe verifica o nível do óleo.
3 O radiador precisa de água.
4 Felipe não limpa o pára-brisas.

EXERCÍCIO 6.2 Perguntas e respostas

1 Quanta gasolina é que Felipe mete?
  (*a*) Felipe mete dois mil.
  (*b*) Felipe mete dez litros.
  (*c*) Felipe enche o tanque.
2 Como é que estão a pressão dos pneus e o nível do óleo?
  (*a*) Estão bem.
  (*b*) A pressão dos pneus está baixa e o nível do óleo está bem.
  (*c*) A pressão dos pneus está bem e o nível do óleo está baixo.
3 Como está o pára-brisas?
  (*a*) Sujo mas não muito sujo.
  (*b*) Muito sujo, com lama.
  (*c*) Não tem lama.

4   Por que é que o carro está sujo?
   (*a*)   Porque um caminhão sujou o carro com lama.
   (*b*)   Porque Paula não lavou o carro.

Comentário

Where to go

You needn't go to a garage if all you want is petrol. Look for a filling station—**o posto de abastecimento** or **o posto de gasolina** or **a bomba de gasolina.**
Learn the name for the following services:

The hairdresser's	**o cabeleireiro**
barber's	**o barbeiro**
cobbler's	**o sapateiro**
laundrette	**a lavandaria** (Br. **lavanderia**)
dry cleaner's	**a lavandaria a seco** ou **a tinturaria**

TRABALHO PRÁTICO

Model sentence
– Pode me recomendar um cabeleireiro?   *Can you recommend a hairdresser's?*

Practise a similar question for the other services in the list above.

The telephone

Ways of answering the telephone
You may hear:
(*a*)   The number.

10	99	23	66
um zero	nove nove	dois três	seis seis

   In Brazil, instead of **seis** the word **meia** is used (from **meia dúzia**, *half a dozen*).
(*b*)   The name of the subscriber.

   Consultório do Dr Armando Gonçalves.   *Dr A. Gonçalves's surgery.*

(*c*)   **Está lá?** or the abridged version **Está?** (lit. *Are you there?*) in Portugal (**Alô!** in Brazil) in the same way as one says *Hallo!* in English.

How to announce yourself
Say your name preceded by **Daqui fala** or just **Fala**.

> **(Daqui) fala** Ann Collins. *(From here) Ann Collins speaking.*

The call
You can start with **Posso** (*May I*) or **Quero** (*I want*) to express the intention of your call:

> **Posso** falar com o Sr. Artur Ramos? *May I speak to* (lit. *with*) *Mr Arthur Ramos?*
> **Quero** marcar hora. *I want to book an appointment.*

Interurban, interstate and international calls
You will obviously need to have the respective code (**o indicativo** in Portugal, **o código** in Brazil). For this service, in Brazil look for the signs **DDD** and **DDI**, acronyms for respectively **Discagem Direta a Distância** and **Discagem Direta Internacional**.
When in doubt, dial the operator (**o/a telefonista**).

Mr/Mrs/Miss/Ms/Dr
Mr is **Sr (Senhor)** in Portuguese, plus surname or forename; *Mrs/Ms* is **Srª (Senhora)**, **Srª D. (Dona)** or just **D.**, plus surname or forename. *Miss* is **Men.ª (Menina)** in Portugal and **Sr. ta(Senhorita)** in Brazil for a girl or young lady but **Srª** or **D.**, as above, for a mature lady. However, these words tend to be a token of courtesy rather than denote a title; hence, you don't normally announce yourself as **Sr** John Smith but just as John Smith. **Seu** is often heard in Brazil instead of **Sr**, particularly in business circles. **Dr (Doutor)** is an academic title.

Unless the situation is formal or the full name is required for information, Christian names are usually used. So, Michael Timms is likely to find himself addressed as Sr Michael or, in Brazil, also as Seu Michael, and his wife Jean as D. Jean or Srª D. Jean.

TRABALHO PRÁTICO

Model sentence
– Telefonista, pode me ligar para um número no Reino Unido? *Operator, can you put me through to a number in the U.K.?*

Practise the same question but substituting **nos Estados Unidos da América**.

Gramática

Future tense

I shall . . .	buy	sell	leave
eu	compr**arei**	vend**erei**	part**irei**
tu	compr**arás**	vend**erás**	part**irás**
o sr/a sr*ª* você } ele/ela	compr**ará**	vend**erá**	part**irá**
nós	compr**aremos**	vend**eremos**	part**iremos**
os srs/as sr*ªˢ* } vocês eles/elas	compr**arão**	vend**erão**	part**irão**

Use this tense for:

1. an action or event subject to the contingency of a future realisation.

   Pass*arei* dois dias no Porto.   *I shall spend two days in Oporto.*

2. doubt.

   Não sei se **será** preciso meter água no radiador.   *I don't know whether the radiator will need any water.*

3. a courteous way of expressing someone's obligation.

   O senhor dev**erá** marcar o lugar.   *You should book your seat.* (The clerk could also have said: O senhor deve marcar o lugar.   *You must book your seat.*)

Colloquial future tense

This tense is formed by using the present tense of **ir** followed by an infinitive:

I am going to	buy	sell	leave
eu vou, etc.	compr**ar**	vend**er**	part**ir**

Note: It is not normally used with the verb **ir** itself:

Vou para o Porto na 2ª-feira.   *I am going to Oporto on Monday.*

Use for a factual reference to a future action or event, with an element of determination or certainty.

Vou passar dois dias no Porto. *I am going to spend two days in Oporto.*

Imagine the weather information on page 102 as a forecast for the coming week-end (**Previsão para o próximo fim de semana**) presented by:

(*a*) a confident weatherman: **Vai haver sol . . .**
(*b*) a cautious weatherman: **Haverá sol . . .**

Como utilizar o telefone (*how to operate the telephone*)

Study the pictures below:

levantando o auscultador
(Br. **retirando o fone**)

marcando o número
(Br. **discando o número**)

EXERCÍCIO 6.3
(A) **As instruções** (*the instructions*)

demorar *to take time, to delay*

Read the instructions below and spot two errors in the translation which follows:

> **INSTRUÇÕES**
>
> Levante o auscultador e aguarde o SINAL DE MARCAR
>
> Marque o número desejado, não demorando mais do que 10 segundos após ouvir o sinal de marcar nem mais de 5 segundos entre dois digitos consecutivos.
>
> No fim da marcação aguarde o SINAL DE TOCAR

'Pick up the receiver and await the dialling tone.
Dial the number you require (lit. the required number), waiting at least 10 seconds after hearing the dialling tone and 5 seconds between two consecutive digits.
After dialling await the ringing tone.'

(B)   Estará a dar o sinal de tocar?   (*will it be ringing?*) (Br. **Estará chamando?**)

(o) som *sound* (Br. **ruído**) **(o) silêncio** *silence*	**(o) segundo** *second* **contínuo** *continuous* **agudo** *sharp*

Read the description for the various tones:

Sinal de marcar *dialling tone* (som contínuo agudo)
  (Br. discar)
Sinal de tocar *ringing tone* (1 seg. de som, 5 seg. de silêncio)
  (Br. chamar)
Sinal de impedido *engaged tone* (1/2 seg. de som, 1/2 seg. de silêncio)
  (Br. ocupado)
Sinal de inacessível *tone for unobtainable* (1/2 segundo de som, 1/5 segundo de silêncio)

Study the graphic representation of what you can hear and answer the questions. (Give a brief answer, with the verb in the present tense.)

1   Estará a dar o sinal de tocar?

2   Estará a dar o sinal de inacessível?

3 Estará a dar o sinal de impedido?

4   Estará a dar o sinal de marcar?

These are the tones you will hear in Portugal.

To have something done

There is no literal Portuguese equivalent of the English verb *to have* + past participle, i.e. causing something to be done. For example, for *I want to have my car washed* you can say:

Quero   *I want (I wish)*
Preciso   or   **lavar o carro** (lit. *to wash the car*)
Necessito   *I want (I need)*

Note: **de** must follow the verbs **precisar** or **necessitar** when they are used with a noun or pronoun, e.g. **Preciso d**ele (o carro) *I want it (the car)*. Otherwise **de** is optional, e.g. **Preciso (de)** lavar o *carro*.

To wash the car is to be understood as *the car to be washed* independently of who may do it. **Volto amanhã para lavar o carro** is, therefore, to be understood as *I am coming back tomorrow for the purpose of the car being washed*.

To have the car washed can find a translation in **mandar lavar o carro**. **Mandar** (lit. *to order* or *to send* and otherwise used with this meaning*) plays in this construction the role of an auxiliary. Use it when reporting rather than when requesting a service.

> **Mando** lavar o carro todas as semanas.   *I have my car washed every week.*

*In other contexts, **mandar** means *to send*. Synonymous with it in this meaning is the verb **enviar**.

> Quero **mandar** esta encomenda por via aérea = Quero **enviar** esta encomenda por via aérea.   *I want to send this parcel by air-mail.*

No correio (*at the post-office*)

EXERCÍCIO 6.4

(o) guichê ou **(o) postigo**   *service hatch*
registar   *to register*
  (Br. **registrar**)
ir buscar   *to collect, go and fetch*

Study the signs.

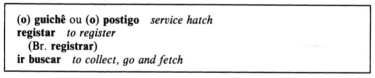

* Br. Registros

Answer the following questions:

(A)   To which service-hatch number are these people going?

1   Vou comprar selos.
2   Vou enviar um telegrama.
3   Vou buscar correspondência.

(B)   At what service hatch would the following be said/asked?

1   Selos para duas cartas para o Canadá.
2   Quando é que as cartas chegarão?
3   Um impresso para telegrama, faz favor.
4   Quero mandar esta encomenda registada.
5   Tem alguma correspondência para William Carter?

(C)   Write the answer to the following questions. Give full answers:

1   Pode-se mandar uma encomenda no postigo número três?
2   Em que postigo se podem comprar selos?
3   Qual é o número do guichê que diz "Posta Restante"?

Imperfect tense

I was . . . *I used to . . .*	*buying* *buy*	*selling* *sell*	*leaving* *leave*
eu	comprava	vendia	partia
tu	compravas	vendias	partias
o sr/a sr^a, você } ele/ela	comprava	vendia	partia
nós	comprávamos	vendíamos	partíamos
os srs/as sr^{as}, vocês} eles/elas	compravam	vendiam	partiam

Use this tense for:

1. a continuing action/event or a series of actions/events in the past.
   There are three alternative ways of expressing this:

   (*a*)   Imperfect tense of the main verb:

   Lia o jornal.   *I was reading the newspaper.*

   (*b*)   Imperfect tense of **estar** + gerund:

   Estava **lendo** o jornal.

   (*c*)   Imperfect tense of **estar** + **a** + infinitive:

   Estava **a ler** o jornal.

2. an habitual action/event (or a series of habitual actions/events) in the past:

> **Lia** o jornal regularmente.　*I used to read the newspaper regularly.*

Note:

An alternative way of expressing an habitual action/event is to use the imperfect tense of **costumar** + infinitive:

> Costum**ava** ler o jornal regularmente.

3. colloquially, as an alternative to the Conditional tense (see Unit 8, p. 151–2)

> **Queria** um pão.　*I wanted a loaf of bread.* (Meaning = *I would like a loaf of bread.*) (Conditional would be: Quereria um pão *I should/would want a loaf of bread.*). (Also revise *I would like*, p. 74)

The Imperfect tense is often used in conjunction with the Preterite to express an action/event (or series of actions/events) which was going on when something happened:

> Quando condu**zia** na estrada, cruz**ou-se** comigo um caminhão.　*While I was driving along the road a lorry passed me.*

Object pronouns (1)

The following table gives a full list of personal object pronouns as related to their subject pronoun equivalents:

subject	object			
	direct	*indirect*	*with the preposition com*	*with other prepositions*
eu	me	me	comigo	mim
tu	te	te	contigo	ti
o sr/a sr[a]	o/a	lhe; para o sr/a sr[a] (Br. coll)	com o sr/a sr[a]	o sr/a sr[a]
você	o/a; você; te (Br. coll)	lhe; te (Br. coll)	com você	si você

(preposition + ... consigo ... si)

subject	*object*				
	direct	*indirect*	*with the preposition* com		*with other prepositions*
ele/ela	o/a; ele/ela (Br. coll)	lhe; para ele/ ela (Br. coll)	com ele/ela		ele/ela
nós	nos	nos	connosco Br. conosco		nós
os srs/as sr^{as}	os/as; vos	lhes; vos; para os srs/ as sr^{as} (Br. coll)	com os srs/ as sr^{as} convosco	preposition +	os srs/ as sr^{as}
vocês	os/as; vos; vocês	lhes; vos	com vocês		vocês
eles/elas	os/as; eles/elas (Br. coll)	lhes; para eles/ elas (Br. coll)	com eles/elas		eles/elas

In careful speech, Brazilian and Portuguese choice of object pronouns is the same. (Colloquial Brazilianisms are marked Br. coll.)

In Brazil an ungrammatical combination of forms is often heard:

> **Você** estava no aeroporto! Eu não **te** vi lá. *You were at the airport! I didn't see you there.*

Position of object pronouns

1. Affirmative sentences:

In Portugal, the object pronoun (direct or indirect) is normally attached to the end of the verb by a hyphen. When both direct and indirect object pronouns are used, the latter precedes the former and the two contract into one word as shown in the following table:

me	+ o(s) → mo(s)	me	+ a(s) → ma(s)
te	+ o(s) → to(s)	te	+ a(s) → ta(s)
lhe	+ o(s) → lho(s)	lhe	+ a(s) → lha(s)
nos	+ o(s) → no-lo(s)	nos	+ a(s) → no-la(s)
vos	+ o(s) → vo-lo(s)	vos	+ a(s) → vo-la(s)
lhes	+ o(s) → lho(s)	lhes	+ a(s) → lha(a)

(Ele) comprou flores à (para a) D. Teresa.   *He bought some flowers*
   for D. Teresa
comprou-**as** à (para a) D. Teresa.   *He bought them for*
   D. Teresa. (Direct Object **as** replaces **flores**)
comprou-**lhe** flores.   *He bought flowers for her.*
   (Indirect object **lhe** replaces **à (para a) D. Teresa.**)
comprou-**lhas.**   *He bought her them.*
   (Direct and Indirect object contract and combine.)

Note:
In Brazil the pronoun tends to precede the verb:

Ele **as** comprou para D. Teresa.
   lhe comprou flores.
   lhas comprou.

(Notice also that the subject pronoun **Ele** is used to avoid having to
start the sentence with an object form.)

But the indirect object pronoun follows the verb if a noun, **você**,
ele/ela (or plural) is used in colloquial speech:

Ele as comprou para **ela**.

2. In negative sentences, questions starting with question word,
clauses starting with a short adverb, relative clauses and clauses
introduced by a conjunction the object pronoun precedes the verb:

(Ele) não **lhas** comprou.   *He didn't buy her them.*
Onde **as** comprou?   *Where did he buy them?*
Já **as** comprou.   *He has (already) bought them.*

As flores que **lhe** comprou.   *The flowers which he bought her.*
Porque **lhas** comprou.   *Because he bought her them.*

3. In sentences where an object pronoun (direct, indirect or both) is
the object of an infinitive verb, it follows the infinitive.

(Ele) quer comprar-**lhas.**   *He wants to buy her them.*

However, in relaxed speech, you will find the following word order:
   Object pronouns **me/te/lhe/nos/vos/lhes** + infinitive. But
   Infinitive + **lo/la/los/las.** (see p. 122)

(Ele) quer **lhas** comprar.   *He wants to buy her them.*
(Ele) quer comprá-**las.**   *He wants to buy them.*

TRABALHO PRÁTICO

Compare the two different ways of expressing the same thing:

Standard usage	Brazilian usage *(although not exclusively Brazilian)*
Vou contar-lhes.	Vou contar para vocês.
I am going to tell you.	
Ele não lhe mandou flores.	Ele não mandou flores para ela.
He did not send her flowers.	
Ela disse que não lhe escreveu uma carta.	Ela disse que não escreveu uma carta para ele.
She said that she did not write him a letter.	

Note

(i)   Often an object pronoun is brought forward and appended to the first verb in the sentence:

> **Pode me ligar** o telefone para este número?   *Can you put me through to this number?*

(ii)   Some relationships which are expressed in English by means of a possessive, are either left unexpressed in Portuguese or a personal object pronoun is used:

> **me** sujou **o** carro   *splashed my car with mud.*
> Pode **me** levar **as** malas?   *Can you carry the cases for me?, Can you carry my cases?* (Revise page 60)

No cabeleireiro . . . . e no barbeiro
(*at the hairdresser's . . . and the barber's*)

EXERCÍCIO 6.5

(A)   Follow Judy through her visit to the hairdresser's starting with a telephone-call to book an appointment.

arranjar o cabelo (Br. **arrumar**)	*to have my hair done*
arranjar as unhas (Br. **fazer**)	*to have my nails done*
convir *to suit*	

Marcando hora *Booking the appointment*
– Fala Judy Hall. Queria marcar hora para arranjar o cabelo e para arranjar as unhas.
– Convém-lhe 2ª-feira às 10 horas.
– Convém. Então aí estarei 2ª feira às 10.
– Está bem, obrigada. Até 2ª feira.

seco *dry*	**(os) rolos** *curlers*
oleoso *greasy*	**(o) secador de mão** *hair dryer*
cortar *to cut*	*(blow wave)*
aparar *to trim*	**(o) esmalte** *nail-polish*

Chegando *Arriving*
– Tenho hora marcada para as 10. Telefonei e disseram que me podiam atender às 10.

Falando com o cabeleireiro e com a manicura *Talking to the hairdresser and the manicurist, Judy requests the following*:
– Lave-me o cabelo com champô para cabelo oleoso, faz favor.
– Hoje não quero cortar. Só aparar.
– Não quero rolos. Prefiro secador de mão.
– Prefiro esmalte vermelho escuro.

Pagando *Paying*
– Lavei e aparei o cabelo e arranjei as unhas.

Answer the following questions on Judy's behalf. They were asked the day after her visit to the hairdresser's.

1 Teve que esperar ou tinha hora marcada? *(verb* ter)
2 Lavou com champô para cabelo normal? *(verb* lavar)
3 Cortou ou aparou? *(verb* aparar)
4 As unhas estão bonitas. Arranjou-as no cabeleireiro ou em casa?
  (verb arranjar)

(B) Bruce turns up at the barber's without an appointment.

fazer a barba *to have a shave*	**com risco** *with a parting*
à navalha *wet shave*	(Br. **repartido**)
à máquina *dry shave*	**para trás** *swept back*
bem rapada *close shave*	**enquanto** *whilst*
o mesmo penteado *the same hairstyle*	

Chegando   *Arriving*
- Queria cortar o cabelo e fazer a barba.
- Tem hora marcada?
- Não, não tenho.
- Então faça o favor de sentar-se e esperar um momentinho.
Bruce senta-se e lê o jornal enquanto espera.

Falando com o barbeiro, que também corta o cabelo   *Talking to the barber, who also cuts your hair*
- Quer a barba à navalha ou à máquina?
- À máquina e mal rapada, faz favor.
- Quer o mesmo penteado?
- Não, quero um diferente.
- Prefere para trás ou com risco?
- Para trás.

Answer the following questions on Bruce's behalf. They were asked after his visit to the barber's.

1 Teve que esperar ou tinha hora marcada?   (*verb* ter)
2 Que é que leu enquanto esperava?   (*verb* ler)
3 Quis o mesmo penteado?   (*verb* querer)
4 Fez a barba no barbeiro ou em casa?   (*verb* fazer)

Object pronouns (2)

o/a and **os/as** become:
(*a*)   **lo/la** and **los/las** after a verbal form ending in **r**, **s** or **z**, in which case these final letters are dropped and an accent is introduced in **-ar** and **-er** verbs:

> **comprá-los** (= comprar + os)   *to buy them*
> **vendê-los** (= vender + os)   *to sell them*

An accent is also used with the verb **pôr** and its compounds:

> **pô-los** à venda (= pôr + os)   *to offer* (lit. *to put*) *them for sale*
> **compô-los** (= compor + os)   *composed them*

(*b*)   **no/na** and **nos/nas** after a verbal form ending in a nasal sound:

> **compram-na**   *they buy it* (when *it* refers to a feminine object such as **a casa** (*the house*)).

Note:
When **o/a**, or respective plural, is used, extension into the use of a noun often occurs in colloquial speech:

> Eu vi-**o** = Eu vi **o senhor**   *I saw you*

O serviço de casa (*the housework*)

Study the following plan of a furnished flat (**um apartamento mobilado**):

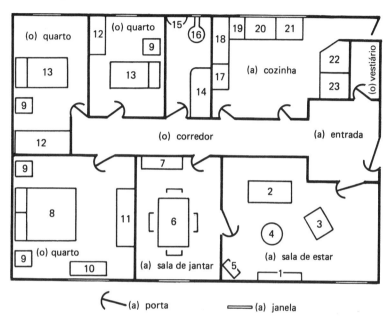

1 **a lareira** *fireplace*
2 **o sofá** *settee*
3 **a poltrona** *armchair*
4 **a mesinha** *small table*
5 **o televisor** *television set*
6 **a mesa de jantar e cadeiras** *dining table and chairs*
7 **o aparador** *sideboard*
8 **a cama de casal** ou **dupla** *double bed*
9 **a mesa de cabeceira** *bedside table*
10 **o toucador** *dressing table*
11 **o guarda-roupa** ou **o guarda--fato** *wardrobe*
12 **o roupeiro** *fitted clothes cupboard*
13 **a cama de solteiro** ou **individual** *single bed*
14 **a banheira** *bathtub*
15 **o lavatório** *washbasin*
16 **a bacia** *toilet bowl*
17 **o frigorífico** (Br. **a geladeira**) *refrigerator*
18 **o balcão** *working surface/cupboard*
19 **a máquina de lavar louça** *dishwasher*
20 **o lavadouro** (**de louça**) (Br. **a pia**) *sink* (*for dishes*)
21 **o fogão** *stove, cooker*
22 **o armário** *cupboard*
23 **a máquina de lavar roupa** *washing machine*

EXERCÍCIO 6.6

(A)

não me apetece   *I don't fancy*

Joan used to enjoy housework, but nowadays she hates washing up. Luckily the home help (**a empregada doméstica**) will soon be here!

Joan: Há louça para lavar mas não me apetece lavá-la. Costumava gostar de fazer o serviço de casa, mas ultimamente nunca me apetece fazê-lo. Felizmente a empregada doméstica vai chegar dentro de uma hora.

Re-write Joan's words but starting with *Yesterday she said that . . .* **Ontem ela disse que . . .**

(B)

levantar a mesa *to clear the table*	**aspirar** *to vacuum clean*
arrumar *to tidy up*	**limpar o pó** *to dust*
passar a ferro *to iron*	**ir às compras** *to go shopping*
fazer a cama *to make the bed*	**pôr a mesa** *to lay the table*
	(o) rol das compras *shopping list*

Two ways of asking your home help to go about her chores:

1   (*a*)   Faça o favor de levantar a mesa, lavar a louça e depois arrumar a cozinha.

(*b*)   Levante a mesa, lave a louça e depois arrume a cozinha, faz favor.

Write (*b*) for the following sentences:

2   (*a*)   Faça o favor de lavar esta camisa e passá-la a ferro antes das 4 horas.

3   (*a*)   Faça o favor de fazer as camas, aspirar o chão e limpar o pó aos quartos.

4   (*a*)   Faça o favor de ir às compras, comprar estas coisas que estão no rol e depois pô-las no armário.

5   (*a*)   Faça o favor de fazer o jantar e pôr a mesa para as 9 horas.

No câmbio (*at the currency exchange*)

You have run out of cash!

EXERCÍCIO 6.7

(A)   Cobrando um cheque de viagem (*Cashing a traveller's cheque*)

After having produced your passport, said where you are staying and signed a form, you may be given a disc (**a chapa**) and be told to go to one of the cash desks (**a caixa número** . . .), where you hand in the disc and receive your cash.

Put the following sentences in the right order so as to make a dialogue for the procedure described above. Remember to tell the second clerk how you want your cash: 30 000$00 in 1 000$00 notes and the remainder in small change.

(*a*) *1° empregado:* Faça o favor de assinar.
(*b*) *você:* Estou no Hotel Internacional.
(*c*) *2° empregado:* Como deseja o dinheiro?
(*d*) *você:* Quero cobrar estes dois cheques de viagem.
(*e*) *1° empregado:* Faça o favor de ir à caixa n° 3.
(*f*) *você:* Dê-me trinta mil em notas de mil e o resto em trocos, faz favor.

(B) **Cambiando divisas** (*Exchanging currency*)

Re-write the dialogue in **A** but with two alterations:
– You want to exchange Pounds into Escudos (**cambiar estas libras em escudos**).
– You want your cash as follows: 30 000$00 in 500$00 notes and the remainder in small change.

(C) Answer the following questions (write full answers):

1 Deram-lhe o dinheiro quando você estava ao balcão ou foi buscá-lo a uma caixa? (*verbs* dar, estar, ir)
2 Na caixa perguntaram-lhe como queria o dinheiro? (*verbs* perguntar, querer)

Na autolocadora (*at the car-hire agency*)

Should you wish to hire a car . . .

EXERCÍCIO 6.8

(o) **modelo** *model*	(o/a) **motorista** *driver*
(a) **tarifa** *rate*	**contra todos os riscos**
por km rodado *per travelled km*	*comprehensive insurance*
escolher *to choose*	(o) **depósito de garantia** *guarantee deposit*

Read the following dialogue with a car hire assistant:

– Queria alugar um carro. Pode me mostrar a lista dos modelos e tarifas?

– (*Mostrando a lista.*) Estas são as tarifas por dia, por semana e por km rodado.

– (*Escolhe.*) Quero este carro. Quero-o por 3 dias, a partir da próxima 4ª-feira, sem motorista e com seguro contra todos os riscos.

– Está bem. É preciso pagar depósito de garantia.

The person who reserved the car was asked the following questions the Saturday before collecting it. Answer on his behalf:

1 Que tarifas é que a empregada lhe mostrou? (*verb* mostrar)
2 Alugou o carro com que seguro? (*verb* alugar)
3 A empregada disse que era preciso pagar algum depósito? (*verbs* dizer, ser)
4 Você terá o carro na 2ª-feira? (*verb* ter)
5 Quando é que você o vai buscar? (*verb* ir)

Prova de Compreensão

(a) excursão *excursion*	(a) estação de camionetas
(o) cacilheiro *ferry boat*	*coach station*
(Br. (a) balsa)	(Br. estação rodoviária)

Brazilian Iara is in Lisbon finding out how to tour the country. Answer the following questions on her dialogue with Luís, the Portuguese tourist-office assistant.

1 Where are Saint George's Castle, the Cathedral and the Alfama quarter?
2 Where are the Tower of Belém, the Monument to the Discoveries and the Heronymites Monastery?
3 What is the extent of the 'Lisbon and suburbs' triangular tour?
4 For what excursions does Iara reserve a seat?
5 Where is the statue known as Christ the King and where is the statue known as Christ the Redeemer?

Iara   Que me recomenda para visitar em Lisboa e nos subúrbios?

Luís   Há muita coisa para ver. Na Lisboa antiga principalmente o Castelo de São Jorge, a Sé Catedral, o bairro de Alfama. Perto de Lisboa, a Torre de Belém, o Padrão aos Descobrimentos, o Mosteiro dos Jerónimos . . . O melhor será uma excursão. A excursão do triângulo turístico é boa: inclui visita a Lisboa, Sintra e Estoril.

Iara   Mas não inclui visita ao Cristo Rei?

Luís   Não. Para isso tem que atravessar o Rio Tejo. Pode ir pela ponte ou de barco, num cacilheiro. Também há excursões.

Iara   O ônibus das excursões de onde sai? De uma rodoviária?

Luís   Não, não sai de uma estação de camionetas. Sai daqui, do Turismo.

Iara   Então queria reservar lugar em duas excursões, uma excursão Lisboa — Sintra — Estoril e outra ao Cristo Rei. Vocês têm o Cristo Rei e nós temos o Cristo Redentor, no Rio.

7 Espero que a consulta seja hoje

Solving problems and achieving good results is the theme of this unit. You will learn how to cope in a difficult situation such as, for example, being ill, having an accident or losing something.

Diálogo

Marcando uma consulta ao telefone (*booking an appointment on the telephone*)

Marta	Quero marcar consulta com o Dr Xavier para hoje.
Receptionista	Hoje!?
Marta	É urgente. Agradeço que a consulta seja hoje, mesmo que seja tarde.
Receptionista	Então . . . às 8 da noite.
Marta	Às 8. Muito obrigada.

No consultório	(*in the consulting room*)
Médico	De que se queixa?
Marta	Tenho uma dor no estômago e sinto-me muito cansada.
Médico	Já foi operada ao estômago alguma vez?
Marta	Não.
Médico	Faz favor, dispa-se e deite-se para eu a examinar. (*examinando-a*) Dói aqui (*premendo*)?
Marta	Ai! Dói, sim.
Médico	Há quanto tempo dói?
Marta	Dói há uma semana mais ou menos.
Médico	(*acabando o exame*) Pronto! Pode vestir-se.
Médico	Toma algum medicamento regularmente?
Marta	Tomo este remédio (*mostrando o frasco*).
Médico	Obrigado. (*Escreve a receita e entrega-a a Marta*) Deve tomar uma colher de chá de quatro em quatro horas. Se

não se sentir melhor dentro de dois dias, telefone-
-me. As melhoras!

Aviando a receita na farmácia (*Having the prescription made up at the chemist's*)

Marta	Pode me aviar esta receita?
Farmacêutico	Posso. Está pronta daqui a 10 minutos o mais tardar.
Marta	Então venho buscar o medicamento às 9h30.

---

urgente *urgent*
seja *may be, could be*
agradeço que a consulta seja hoje *I'd appreciate it if the appointment could be today* (lit. *I thank that . . .*)
mesmo que *even if*
de que se queixa? *what is your complaint?*
uma dor no estômago *a pain in my stomach*
sinto-me muito cansada *I feel very tired*
despir-se, vestir-se *to get undressed, dressed*
examinar *to examine*
dói aqui? *does it hurt here?*
premendo *pressing*
ai! (*exclamation of pain*)
há quanto tempo dói? *how long has it been hurting?*
já foi operada ao estômago alguma vez? *have you ever been operated on your stomach?*
(o) medicamento, (o) remédio *medicine*
regularmente *regularly*
a receita *prescription*
entregar *to hand over*
deve tomar *you must take*
uma colher de chá *a tea-spoonful*
de quatro em quatro horas *every four hours*
se não se sentir melhor *if you don't feel better*
as melhoras! (*I wish you*) *a quick recovery*
daqui a 10 minutos o mais tardar *10 minutes from now, at the latest*
venho buscar *I am coming back for* (lit. (*I*) *come to fetch*)

EXERCÍCIO 7.1 Certo ou errado?

1 Marta marca consulta.
2 A consulta não é urgente.
3 O médico examina Marta.
4 O médico escreve uma receita.

EXERCÍCIO 7.2   Perguntas e respostas

1 Quando é a consulta?
   (*a*) É hoje. (*b*) Não é hoje.
2 Por que é que Marta quer falar com o médico?
   (*a*) Porque não foi operada.
   (*b*) Porque toma um medicamento.
   (*c*) Porque tem uma dor no estômago.
3 Que é que Marta deve fazer?
   (*a*) Deve tomar o medicamento e telefonar daqui a dois dias.
   (*b*) Deve tomar o medicamento de 4 em 4 horas e telefonar dentro de dois dias.
   (*c*) Deve tomar o medicamento de 4 em 4 horas e telefonar se não se sentir melhor dentro de dois dias.
4 Quando é que o medicamento estará pronto?
   (*a*) Às 9h10 o mais tardar.
   (*b*) Dentro de 10 minutos mais ou menos.
   (*c*) Daqui a 10 minutos o mais tardar.

Comentário

Taking someone to hospital

Note how the emergency department may be signposted depending on where you are.

A first-aid centre is often signposted

POSTO DE SOCORROS

Telephoning for help

In Portugal, 115 is the free national emergency number (**número nacional de socorro**).

In Brazil, you will see that the numbers vary. So it is best to check for the State that you are visiting.

You can find the numbers on the inside cover of the local telephone directory (**a lista de telefones**): **Pronto-socorro**, for accident or sudden illness, **Bombeiros**, in case of fire, or **Polícia**, the police.

A word of sympathy

Depending on the seriousness of the bad news you hear, choose from **Sinto muito** (*I am very sorry to hear that*) and **Deixe lá!** (*Never mind!*)

TRABALHOS PRÁTICOS

* Practise the appropriate response to different kinds of bad news.

Minha mulher adoeceu gravemente *My wife has fallen seriously ill.*	Oh! Sinto muito.
Caí e torci um pé. Não posso ir à piscina. *I have fallen over and sprained my foot. I cannot go swimming.*	Deixe lá!

* Note the following emergency words:

DEPRESSA!	CUIDADO!
Hurry!	*Watch out!*

FOGO!	SOCORRO!
Fire!	*Help!*

É PERIGOSO!
It's dangerous!

Gramática

Compound perfect tenses

Portuguese compound perfect tenses are formed by using part of the verb **ter** as an auxiliary + past participle of the main verb:

tinha comprado *I had bought*

Haver is an alternative to **ter** as an auxiliary:

havia comprado *I had bought*

Notes

In the compound perfect tenses the past participle does not agree with the subject, but remains invariable.

Elas tinham comprado os bolos. *They had bought the cakes.*

With a compound perfect tense the object pronoun (including reflexives) is often attached to the auxiliary:

Tinha-os comprado. *I had bought them.*

Perfect tense

The perfect tense is formed with the present tense of **ter** followed by the past participle:

eu tenho, etc　　　　compr**ado**　vend**ido**　part**ido**

Use this tense for:

1. description of a continuous state within a period of time which has not yet elapsed:

O tempo **tem estado** bom. *The weather has been fine.*
Tenho estado doente. *I have been ill.*

2. a continuous or frequently repeated action, or series of actions, occurring within a period of time which has not yet elapsed:

Tenho estado neste hotel. *I've been (staying) at this hotel.*
Tenho estado a ler. *I've been reading.*

Note, however, that when there is a time limit, the present tense or the present continuous should be used:

O tempo **está** bom **há** uma semana. *The weather has been fine for a week.*
Estou neste hotel **desde** a quarta-feira passada. *I have been staying at this hotel since last Wednesday.*
Estou a ler (ou **lendo**) **há** uma hora. *I have been reading for an hour.*

Pluperfect tense

This tense is formed by using the imperfect tense of **ter** followed by a past participle:

eu tinha, etc   compr**ado** vend**ido** part**ido**

Use this tense for:
− an action or event which had been completed when another action or event took place, or before a set time in the past.

In literary style, the pluperfect tense may sometimes be replaced by the Synthetic Pluperfect. In speech, however, this tense is limited to certain idiomatic expressions:

Tomara estar em férias. *I wish I were on holiday.*

Ser/estar and *estar com/ter*

To express a permanent condition, use **ser** + adjective or noun:

Sou alérgico a pólen. *I am allergic to pollen*
Sou doente. *I do not enjoy good health* (**doente** = *ill*, **o doente** = *the patient* = **o paciente**)

To express a temporary condition, use **estar** + adjective or past participle:

Estou doente. *I am ill.*
Estou cansado. *I am tired.*
Estou constipado (Br. **resfriado**). *I have a cold.*

Estar com or **ter** + noun is used with certain expressions of feeling:

Tenho	sede/fome.	*I'm*	*thirsty/hungry.*
(*I have*)	frio/calor.		*cold/hot.*
Estou com	pressa.		*in a hurry.*
(*I am with*)	febre.	*I've got*	*a fever.*
	uma dor de cabeça		*a headache.*

To express physical pain **dói-me** (lit. *it hurts me*) will be, however, of more versatile application.

nascer, viver, morar, morrer/falecer

Do not translate literally *I was born* or *Someone is dead!*
   Remember:
to be born is **nascer**;   *to die* is **morrer, falecer**.

O meu bisavô **nasceu** há cem anos e **morreu** (ou **faleceu**) há vinte.　*My great-grandfather was born a hundred years ago and died twenty years ago.*

If you mean to say, for example, *My great uncle is dead*, choose from **O meu tio-avô morreu** (ou **faleceu**) or **O meu tio-avô já não é vivo** (*is no longer alive*). **O meu tio-avô está morto** (*is dead*) would suggest a conclusion arrived at through having examined the body!
Also remember that:
viver means *to live, to be alive*;
morar means *to live, to be resident*.

Nasci na Escócia mas **vivo** na Inglaterra; **moro** em Londres.　*I was born in Scotland but I live in England; I am resident in London.*

Clothes, shoes, hats on and off

Study the following Portuguese renderings:

vestir-se despir-se	vestir despir	o casaco etc.	*it will cover* *your body.*
calçar-se descalçar-se	calçar descalçar	os sapatos etc.	*you slip it on* *your feet/hands*
	pôr tirar	o chapéu etc.	*you put it on* *your head, etc.*

Note: **pôr/tirar** can be used for **vestir/despir** and **calçar/descalçar**, but the reverse does not apply:

quer tirar (= despir) o casaco?　*Do you want to take your coat off?*

Dores (*aches and pains*)

EXERCÍCIO 7.3
(A)　Arrange the broken-up sentences in the box below such as to complain of the following:
1　a very bad sore throat since last Sunday.
2　a bad tooth for the past two days.
3　a severe ear-ache in your right ear since last night.
4　a slight pain 'here' since last Wednesday.

	muito	a garganta	há dois dias
Dói-me		um dente	desde ontem à noite
		o ouvido direito	domingo passado
	um pouco	aqui	4ª-feira passada

(B) Respond to the doctor's request to remove your shirt with the following sentences. Re-write them with the words in brackets in the right form and order.

Já (*despir-se*). A camisa já (*estar, despir*).

(C) How often must the following medicines be taken?

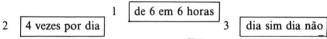

1 | de 6 em 6 horas |

2 | 4 vezes por dia | 3 | dia sim dia não |

(D) Read the health information card. It has been completed by Leonor, who has a heart complaint and is also allergic to penicillin. Her blood group and her G. P.'s name and phone number have been included.

+ = Positivo
− = Negativo,

MÉDICO ASSISTENTE DR. RUI VASCO
TELEF. 45710
GRUPO SANGUÍNEO   A RH +
VACINAS   EM — / — / —
II   EM — / — / —
EM CASO DE ACIDENTE INFORMAR
MEU MARIDO, NUNO RAMOS
TELEF. 43891
OUTRA INFORMAÇÃO
Sofro do coração
Sou alérgica à penicilina

Write answers to the following questions on Leonor's behalf.

1 É doente?
2 De que sofre?
3 É alérgica a algum medicamento?
4 Qual é o seu grupo sanguíneo?
5 Tem tomado vacinas ultimamente?
6 Em caso de acidente quem devo informar e para que telefone?
7 Como se chama o seu médico assistente?

Who does what?

Note that different meanings can be obtained by changing the subject of the verb:

lembrar
> Não me **lembro;** esqueci-me.   *I cannot remember; I have forgotten.*
> **Lembre**-me.   *Remind me.*

emprestar

>**Empresta**-me isso? *Will you lend me that?* (*let me borrow*).
>**Emprestaram**-me este livro na biblioteca. (lit. *(they) have lent me this book . . .) I have borrowed this book from the library.*

Undefined subject

When you wish to refer to an action without mentioning who actually does, or did, that action, use the third person of the verb:

>**Fala**-se inglês. *English (is) spoken.*
>**Emprestaram**-me o livro na biblioteca. (lit. *(they) have lent me the book . . .) I have been lent the book at the library.*

ir/vir, levar/trazer

Know whether you are coming or going! . . .
Ir and **levar** (lit. *to go* and *to take*) imply motion away from the person who is speaking. **Vir** and **trazer** (lit. *to come* and *to bring*) imply motion towards the person who is speaking.

> – **Venha** cá, por favor! *Come here, please!*
> – **Vou** já! *I'm coming!* (lit. *I'm going immediately*)

Also note the different meanings of **levar**, as follows:
levar (*to take, carry*), **levar** (*to take, use up time*)

>O porteiro **levou** a mala para o elevador. *The porter took the case to the lift.*
>O elevador **levou** pouco tempo a chegar ao 5° andar. *The lift soon arrived at the 5th floor.*

To leave

Note the different renderings for   *to leave*
partir *to depart*

>**Parti** às 8h00 *I left at 8.00 am.*

deixar or **deixar ficar** *to leave behind*

>**Deixei (ficar)** o dinheiro em casa. *I have left my money at home.*

Para, a, em

Make the right choice!

Para points towards a specific purpose or goal (including time or place).

> Levantar **para** abrir. *Lift up to open.*
> A cerveja é **para** mim. *The beer is for me.*

A can (i) be static, or (ii) imply movement towards something/someone.

> (i) Quem está **à** porta? *Who is standing at the door?*
> (ii) Vou **a**o aeroporto. *I am going to the airport.*

A versus **para: Vou ao aeroporto** will suggest probably to collect someone; **Vou para o aeroporto** will suggest probably to take a flight.

Em is used for a position of rest or for movement into or on to something.

> Meto a máquina fotográfica **n**a mala que está **n**o balcão da Alfândega. *I put the camera into the case, which is on the Customs desk.*

Brazilians use **em** with verbs of arrival.

> Cheguei **n**o Rio de Janeiro. *I arrived in Rio de Janeiro*

said by a Brazilian; otherwise

> Cheguei **a**o Rio de Janeiro. *I arrived in Rio de Janeiro.*

EXERCÍCIO 7.4
(A) O roubo (*the theft*)
A lady has come to the police to report the theft of her gold-coloured watch.

Venho informar de um roubo. Roubaram-me um relógio. É dourado, mas não é de ouro. Tinha-o deixado ficar no carro. O carro estava fechado à chave.

a cor	o material
dourado	de ouro
prateado	de prata

1   Write a similar report on a stolen silver-coloured pen (**a caneta**).
2   The lady is asked:
    (*a*)   Onde é que a senhora tinha deixado ficar o relógio?
    (*b*)   A senhora tinha fechado o carro à chave?
   Answer for her. Full answers, please.

(B)   A multa (*the fine*)
With the words below, put the verbs in the right form and write a
sentence that will mean *I have come to pay a fine* (lit. *I come to pay*)
   (vir, pagar) uma multa.

Present Subjunctive tense

I may . . .	*buy*	*sell*	*leave*
eu	compre	venda	parta
tu	compres	vendas	partas
o sr./a sr*ª*, você ⎱ ele/ela ⎰	compre	venda	parta
nós	compremos	vendamos	partamos
os srs/as sr*ªˢ*, vocês ⎱ eles/elas ⎰	comprem	vendam	partam

Use this tense for:
1. the expression of a wish or hope:

> Espero que a consulta s**eja** hoje.   *I hope/am hoping that the consultation may be today.*

2. the expression of sorrow or sympathy:

> Sinto muito que sua mulher est**eja** tão doente.   *I am very sorry to hear that your wife is so ill.*

3. an action or event regarded as a possibility:

> Ela talvez tome uma bebida quente.   *She may perhaps have a hot drink*

4. after a main clause that implies influence upon other people or things:

> A hospedeira (Br. aeromoça) pede ao passageiro que apert**e** o cinto.   *The stewardess asks the passenger to fasten his belt.*
> A hospedeira pede ao passageiro que fa**ça o favor de** apertar o cinto.   *The stewardess asks the passenger to be so kind as to fasten his belt.*

Also:

>Peço a Maria que me compre o jornal. *I ask Mary to buy me the paper.*
>Peço a Maria que faça **o favor de** me comprar o jornal. *I ask Mary to be so kind as to buy me the paper.*

Note the infinitive clause in English (*to buy/to be*).

Note: Revise the *Imperative* (Unit 5, pp. 102–3).

Imperative forms (ii) and (iii) are in actual fact forms of the Present Subjunctive. They are often referred to as the *Polite Imperative*:

(*a*) Aperte o cinto. *Fasten your belt.*
(*b*) Compre-**me** o jornal. *Buy me the paper.*
(*c*) Faça **o favor de** apertar o cinto. *Would you please fasten your belt.*
(*d*) Faça **o favor de** me comprar o jornal. *Would you please buy me the paper.*

(*a*) and (*b*) do not bear the harshness of tone the English translation may suggest due to the inbuilt uncertainty of the Subjunctive mood.

Future Subjunctive tense

if/when se/quando	*I buy*	*I sell*	*I leave*
eu	comprar	vender	partir
tu	comprares	venderes	partires
o sr/a sr*ª* você ⎱ ele/ela ⎰	comprar	vender	partir
nós	comprarmos	vendermos	partirmos
os srs/as sr*as*, vocês ⎱ eles/elas ⎰	comprarem	venderem	partirem

Use this tense for:
– an action or event the realisation of which will determine the viability or purposefulness of another action or event. The sentence (or clause) is often introduced by **quando** or **se**:

>Quando che**garem** ao semáforo, atravessem. *When you get to the traffic lights, cross over.* (They must get to the traffic lights, before crossing).
>Pode-me dizer por favor quando che**garmos** à estação de Espinho? *Can you please tell me when we get to Espinho station?*
>Se **quiser**, podemos/poderemos ir ao cinema amanhã. *If you so wish, we can/shall be able to go to the cinema tomorrow.*

Notes:
Note the use of, respectively, the Present and the Future Subjunctive with the meaning of *God bless!*
—*God bless!* as a warm wish for someone's wellbeing or as a warm expression

of gratitude, finds a translation in **Bem haja!** (addressing one person) **Bem hajam!** (addressing more than one person; *verb:* haver).

— *Good night! God bless!* Calling upon divine protection in the hours of darkness finds a different rendering, i.e., **Boa noite! Até amanhã, se Deus quiser!. Se Deus quiser** *God willing, May God so wish* (lit. '*if God so wishes*'; *verb:* querer).

EXERCÍCIO 7.5   Perdidos (*Lost property*)
(A)   Find out what this sign corresponds to in English. Note that you are faced with two past participles in the plural, used as nouns: perd**idos** e ach**ados**.

Perdidos e Achados

(B)   Give the meaning for:
  1   Perdi o passaporte.
  2   Achei este passaporte.

(C)   Linda can't remember when she last saw her wallet, but she would always carry it in her handbag . . .

| **procurar** *to look for* | **(o) polícia** *policeman* (Br. **policial**) |

Não me lembro quando foi a última vez que vi a carteira. Tinha dentro dinheiro, o passaporte, cheques de viagem e cartões de crédito. Trazia-a sempre comigo, na bolsa. Talvez a tenha deixado nas lojas. Já a procurei em toda a parte. Se alguém a vier entregar, faça o favor de me telefonar para o hotel.

Answer the following questions using full sentences:

1   Ela lembra-se quando foi a última vez que viu a carteira?
2   Que é que a carteira tinha dentro?
3   Onde é que ela costumava trazê-la?
4   Onde é que ela talvez a tenha deixado?
5   Que é que ela pede ao polícia, se alguém vier entregar a carteira?

O acidente ou o desastre (*the accident*)

EXERCÍCIO 7.6

| **(o) cruzamento** *crossroads, junction* |
| **(o) sinal de obrigação de parar** *stop sign* |
| **ultrapassar** *to overtake* |

Read the following exchange of words between the two drivers:

Carlos   O senhor não parou no cruzamento, contra o sinal de obrigação de parar.

Jorge   O senhor ultrapassou, contra a proibição de ultrapassar.

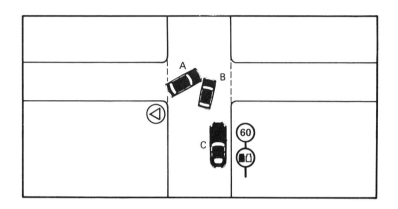

(A)   Who was driving which car?

> **(o) morto**   *dead person*
> **(o) ferido**   *injured person*
> **funcionar**   *to work (function)*

(B)   Carlos telephones for help. Match questions and replies.

1   Há mortos ou feridos?
  (a)   Na estrada 125, a mais ou menos 20 km de Faro.

2   Precisa de um rebocador?
  (b)   Não há mortos e também não há feridos. Não preciso de ambulância mas preciso da polícia.

3   Onde está o carro?
  (c)   Preciso. O carro não funciona.

> **(a) velocidade**   *speed*
> **ver**   *to see*

(C)   When the police arrive . . .
Match the official's questions with the driver's replies:

1   O senhor ultrapassou?
  (a)   Vi . . .

2   A que velocidade ia?
  (b)   Hum! . . . ultrapassei.

3   Não viu o outro carro?
  (c)   Hum! . . . a 60 km por hora.

seguir por *to go along*	**avançar** *to move forward*
parecer que *to look as if, to*	**embater** *to collide*
appear to	

(D)   Write a report on the accident. It is Carlos's version of the story.
Change the verbs in brackets into their right forms:

Seguia pela estrada a 60 km/hora. À frente (*seguir*) o carro C, muito devagar. (*Ver*) o carro A no cruzamento. O carro A parecia que (*ter, parar*). (*Ultrapassar*) o carro C. Quando (*ultrapassar*) o carro C, o carro A (*avançar*) e (*embater*) no meu.

conduzir   *to drive*
   (Br. **dirigir**)

(E)   'If you drive (are going to drive) do not drink', says the safety warning.
Starting with **Nunca**, write a sentence for *I never drink when I am driving*.

Se conduzir não beba

bem, mesmo, próprio

Bem (lit. *well*) and **mesmo** (lit. *the same*) are often used as intensifiers.

> Quer os ovos **bem** ou mal cozidos?   *Do you want the eggs hard or soft boiled?*
> O gerente está aqui **mesmo**.   *The manager is right here.*
> Vou **bem** para o Porto?   *Am I on the right road to Oporto?* (lit. *Am I going right to Oporto?*)

Eu mesmo, etc. or **Eu próprio**, etc. can literally translate *I myself*, etc. However, you are more likely to hear **Eu** (stressed) . . . or **Fui eu quem** . . .

> **Eu** disse isso *or* **Fui eu quem** disse isso.   *I said that myself.*
> **Sou eu quem** paga.   *I am paying* (lit. *I am who is paying*).

EXERCÍCIO 7.7

(A)   **Que aconteceu ao carro?**   *(What has happened to the car?)*

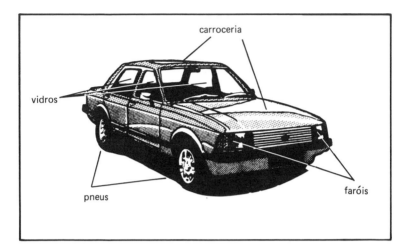

> **amolgar**   *to smash*
> **furar**   *to puncture*
> **partir**   *to break*
>   (Br. **quebrar**)

Re-write the sentences below, complete with the correct verbal form (past participle).

1   O pneu está . . .
2   O farol está . . .
3   A carroceria está . . .
4   Os vidros estão . . .

(B)   **Um conserto, uma peça nova . . . ou outra solução.**   *(A repair job, a new part . . . or another solution)*

(a) **pane** *breakdown*	(o) **penso adesivo** *plaster*
(a) **lente de contacto** *contact lens*	**avariado** *out of order*
(Br. **contato**)	**consertar** *to repair*
(o) **parcómetro** *parking meter*	**obter** *to get*

Match the mishap with the sought solution.

1   Tive uma pane. O carro não funciona.
2   O carro não funciona bem, mas funciona.
3   A máquina de filmar partiu-se.
4   Feri-me na mão.
5   Perdi uma lente de contacto.
6   O parcómetro não funciona, está avariado.
7   A escada rolante está avariada.
8   O telefone está avariado.

(*a*)   Pode consertá-la?
(*b*)   Eu levo-o até à garagem.
(*c*)   Pode me obter uma lente nova?
(*d*)   Então deixo ficar o carro no parque de estacionamento.
(*e*)   Pode me dar um penso adesivo?
(*f*)   Faça o favor de mandar um rebocador.
(*g*)   Faça o favor de me dizer quando tiver sido consertado, porque preciso telefonar.
(*h*)   Posso ir pela escada, mas talvez seja melhor ir no ascensor.

Prova de Compreensão

arquitectónico *architectural* (Br. **arquitetônico**) (o) **cordame** *rigging* (a) **esfera armilar** *armillary sphere*	(a) **cruz da Ordem de Christo** *cross, emblem of the Order of Christ* **lusitano** or **luso** *Portuguese, inhabitant of ancient Lusitania*

When visiting Portugal do not miss seeing the monuments to the golden age of Portugal's sea discoveries.

Answer the questions on the text below.
1   What is the manueline style?
2   To which centuries does it date back and after what king is it named?
3   Why was the Cape of Torments renamed Cape of Good Hope after having been rounded by Bartolomeu Dias?
4   The Portuguese travelled both East and West. When did Vasco da Gama reach India and Álvares Cabral Brazil?
5   What is Camões's literary work *Os Lusíadas*?

O estilo manuelino é um estilo ornamental arquitectónico português.

Data do fim do século XV e princípio do XVI, parte final da época dos descobrimentos marítimos.

Em 1487 Bartolomeu Dias dobra o Cabo das Tormentas, a partir de então denominado Cabo da Boa Esperança. Esperança . . . de se descobrir o caminho marítimo para a Índia. Este sonho é realizado por Vasco da Gama em 1498. Os portugueses navegam tanto este como oeste. Em 1500 Álvares Cabral desembarca no Brasil. Os portugueses vão até terras remotas—Timor, Macau, Japão.

Esta época de grandeza para Portugal coincide com o reinado de Dom Manuel I. Daí o nome 'manuelino'.

O manuelino é inspirado nos descobrimentos marítimos. Inclui pilares em espiral e, entre vários outros elementos, cordame, esferas armilares e a cruz da Ordem de Cristo, a mesma cruz que se vê nas velas das caravelas.

Há exemplos do manuelino do norte ao sul do país. O mais conhecido é talvez o Mosteiro dos Jerónimos. Aí também se podem ver os túmulos de Vasco da Gama e de Camões. Este último foi o autor da grande obra literária do século XVI *Os Lusíadas*, em que se celebram os descobrimentos portugueses, ou lusos.

8 Gostaria de provar este prato

The topics dealt with in this unit are: local food and drink; local forms of entertainment including festival parades and night-clubs; being invited to a party; other forms of entertainment ranging from sports events to the opera.

Diálogo

(This dialogue is based on the menu on page 147)

À mesa de um restaurante escolhendo uma refeiçâo (*at a restaurant table, choosing a meal*)

Ema	Quanto a sopa, creme de espargo para mim.
Rui	Sopa de legumes para mim. Para depois quero um bife de lombo.
Ema	Eu talvez escolha o 'prato do dia'. Hoje é 'caldeirada à moda da casa'. Mas primeiro gostaria de saber em que consiste.
Rui	Podemos perguntar à empregada.
Empregada	Os senhores já escolheram?
Rui	Já. Mas gostaríamos de saber em que consiste a 'caldeirada à moda da casa'.
Empregada	Consiste em peixes vários, como é costume, e tem cebola, tomate e arroz.
Rui	Ah!, sim. Obrigado.
Ema	Está bem. Caldeirada para mim.
Rui	Para mim um bife de lombo. Que acompanhamento tem?
Empregada	Pode ser batatas fritas e salada.
Rui	Está bem. Batatas fritas e salada de alface e tomate.
Empregada	O senhor prefere o bife bem passado, mal passado ou médio?

soup

sopa de legumes *vegetable soup*
creme de espargo *cream of asparagus soup*

•

PEIXE e MARISCO
fish and seafood

linguado grelhado *grilled sole*
pastéis de bacalhau *dried cod fish cakes*
lagosta *lobster*
camarões *prawns*

•

CARNE e AVES
meat and poultry

costeletas de porco *pork chops*
bife de lombo (Br. filé) *sirloin steak*
churrasco de frango *barbecued chicken*
vaca assada *roast beef* (Br. carne de boi assada)

the dish of the day
caldeirada à moda da casa
fish stew in the restaurant's style

SOBREMESA

FRUTA e DOCE
fruit and sweets

salada de fruta *fruit salad*
pudim de leite *crème caramel*
sorvete — vários sabores
sorbet — several flavours

•

QUEIJO
cheese

sortidos *assorted*

Names for the menu: **a lista** or **a ementa**, of Portuguese preference, **o cardápio**, of Brazilian preference, **o menu**, equally used on either side of the Atlantic.

Rui	Prefiro-o bem passado.
Empregada	E para beber? Temos 'vinho da casa' branco, tinto e rosé. Desejam prová-lo?
Rui	Desejamos. Traga-nos um copo de branco para a senhora e um de tinto para mim.
Empregada	Então, uma dose de caldeirada, uma dose de bife e 'vinho da casa', um copo de branco e um de tinto.

---

quanto a　*as to, for*
para depois (= **a seguir**)　*for afterwards*
eu talvez escolha　*I may perhaps choose*
gostaria/gostaríamos de *(I)/(we)should like to* (lit. *of*)
(o/a) empregado/a de mesa　*waiter/waitress* (Br. **garção/garçonete**)
os senhores já escolheram?　*have you chosen?*
vários　*several*
como é costume　*as usual* (lit. *as* + *(it)is* + *usage*)
(a) cebola　*onion*
(o) arroz　*rice*

que acompanhamento tem?　*what goes with it?* (lit. *what accompaniment has it got?*)
(a) salada　*salad (vegetables only)*
bem passado, mal passado ou médio　*well-done, rare or medium* (Br. **no ponto**)　*medium*
vinho da casa　*restaurant's own wine* (lit. *wine of the house*)
branco, tinto, rosé, Br. **rosado**　*white, red, rosé*
provar　*to try, to taste*
traga-nos　*bring us* (verb **trazer**)
(a) dose　*portion*

EXERCÍCIO 8.1　Certo ou errado?
1　O 'prato do dia' é 'caldeirada à moda da casa'.
2　Rui não come sopa e come carne.
3　Ema come sopa e peixe.
4　Ema e Rui não querem provar o 'vinho da casa'.

EXERCÍCIO 8.2　Perguntas e respostas sobre o diálogo e o menu (*on the dialogue and the menu*)
1　'Caldeirada' é um prato de carne?
　(*a*)　É.
　(*b*)　Não, não é.
2　Pode-se comer marisco neste restaurante?
　(*a*)　Pode-se.
　(*b*)　Não, não se pode.

3 Hoje, quantos pratos de peixe e quantos pratos de carne há no restaurante?
   (*a*) Quatro de peixe e três de carne.
   (*b*) Três de peixe e três de carne.
   (*c*) Cinco de peixe e quatro de carne.
4 Que sobremesas é que Rui e Ema podem escolher?
   (*a*) Pudim e sorvete.
   (*b*) Doce e fruta.
   (*c*) Fruta, doce e queijo.
5 O 'vinho da casa' é vinho tinto?
   (*a*) Não. O vinho é branco.
   (*b*) Há vinho tinto mas também há branco.
   (*c*) Há vinho tinto, branco e rosé.

Comentário

What are you going to have?

There are some extremely popular dishes: (**o**) **churrasco** (*barbecue* or *kebab*); (**a**) **feijoada** (*bean and meat stew*); (**o**) **bacalhau** (*dried cod,* prepared in a variety of ways); (**a**) **caldeirada** (*mixed fish stew*); amongst many others. There are also variations of the same basic dish, sweet or cake from region to region and even more so depending on which side of the Atlantic one's sights are set. To this one can also add 'specialities' associated with local or national produce.

The gastronomic list is almost endless, but you will be able to find out for yourself. Some questions to ask:
– (**O**) **que é isto?** *What is this?*
– **Em que consiste?** *What does it consist of?*
– **Como é preparado?** *How is it prepared?*
Should the reply contain any word/s new to you, you can always ask to be shown it/them in the dictionary . . . or have the words written on a piece of paper (see pp. 37–8).

If you are unsure, but still want to try, then say:

Só um pouco	**para provar**	*Just a little*	*to try.*
Só meia dose		*Just half a portion*	

The latter—(**a**) **meia dose**—is also applicable when ordering for a child.

    Meia dose para o menino   *Half a portion for the young boy.*

Wherever you may be in Portugal you may wish to try the wine of the region, (o) **vinho da região**, not forgetting the semi-sparkling (o) **vinho verde** varieties and the sparkling wines, (os) **espumantes.** You may also wish to try (a) **aguardente** (*firewater*), or any of the Portuguese brandies, (o) **brande**, in addition to the classic Port, (o) **porto**, and Madeira, (o) **madeira**. The Portuguese also consume innumerable (as) **bicas**, that is, tiny cups of black coffee.

In Brazil, coffee is also very popular, an institution really. The tiny cup of black coffee is known as (o) **cafezinho**. The well-known (a) **cachaça** is a kind of rum. With the addition of fruit juice and ice, it becomes (a) **batida**. A variation is (a) **caipirinha**.

Entertainment

In international forms of entertainment, choice ranges from the casino, (o) **casino**, to spectator sports such as soccer, (o) **futebol**.

For those looking for traditional festivals, there are folkloric and religious celebrations, in honour of Our Lady—**Nossa Senhora**, often shown abbreviated as Nª Srª or **N.S.**—and the saints, as **Santo António, São Pedro** and **São João**—**Santo** or **São** for *Saint* often shown as **Sto** and S. A country pilgrimage, (a) **romaria**, a fair, (a) **feira**, or a town parade, (o) **desfile**, are usually part of the celebration, (a) **festa**.

Portuguese renowned horses, (os) **cavalos**, can be seen at horse fairs. In a typically Portuguese bullfight, (a) **tourada**, the bull is fought on horseback by the horsemen, os **cavaleiros**. The fight ends with an element of comedy, when the bull is held by its horns and tail by **os moços de forcado** until it becomes subdued.

Portuguese song, **o fado**, derives its thematic content from the ways of life. The name **fado** has its origin in the Latin word *fatu* (*destiny*). You can listen to these songs in the club-restaurants known as **a casa de fado** or **o retiro de fado** or **a adega típica**.

In Brazil, many towns have a carnival, (o) **carnaval**, but none enjoys the same world-wide fame as the Carnival of Rio, **o Carnaval do Rio**. The (o) **samba** folkdance can be experienced not only at the carnival but also in samba shows, samba schools, (as) **escolas de samba**, and samba dancing halls, (as) **gafieiras**.

You may also find it enjoyable to explore by yourself and use the local means of transport. You can enjoy a ride on an old-fashioned tram—(o) **eléctrico** (Br. (o) **bonde**). For a steep hill there will be a cable-car, (o) **funicular**. For speed there is the underground train, (o) **metropolitano**, the air taxi, (o) **táxi aéreo**, and, in Brazil, also the airbus, (o) **ônibus aéreo**.

Gramática

Conditional tense

I should . . .	buy	sell	leave
eu	compraria	venderia	partiria
tu	comprarias	venderias	partirias
o sr/a sr*a*, você ⎱ ele/ela ⎰	compraria	venderia	partiria
nós	compraríamos	venderíamos	partiríamos
os srs/as sr*as* vocês ⎱ eles/elas ⎰	comprariam	venderiam	partiriam

Use this tense:
– when, in English, you would say: *I should, you would,* etc.

> Mas primeiro gost**aria** de saber em que consiste. *But first I should like to know what it consists of.*
> Ela disse que me compr**aria** o jornal. *She said that she would buy me the paper.*

Note: Often in speech the Conditional Tense is replaced with the Imperfect (see Unit 6, p. 116–7).

> Mas primeiro gost**ava** de saber em que consiste. *But first I wanted to know what it consists of.*
> Ela disse que me compr**ava** o jornal. *She said that she was buying me the paper.*
> Ela disse que me i**a** comprar o jornal. *She said that she was going to buy me the paper.*

I would like . . .

Gosto de comer lagosta means *I like eating lobster*, i.e., *I enjoy eating lobster*. **Gostaria de comer lagosta** translates *I should like to eat some lobster*. It is the expression of a wish rather than a courteous way of asking for something. For this, you find a grammatically close rendering in **Queria comer lagosta**. **Queria** is the Imperfect used in place of the Conditional **quereria**. (Revise p. 117.) However,

Queria . . . is not necessarily the only approach for a courteous way of asking for something. Revise *Asking for something* (3) (p. 36), *Asking to have something done* (p. 37) and *I would like* (p. 74).

Position of object pronouns including reflexive pronouns
(Revise pp. 117–9)

In the Future and Conditional tenses, the object pronoun is inserted between the infinitive part of the verb and its ending.

> comprá-**lo**-á   *she will buy it*
> comprar-**mo**-ia   *she would buy me it (it for me)*.

This is often avoided by the following word-order, rather popular with the Brazilians: subject pronoun + object pronoun/s + verb:

> ela **o** comprará, ela **mo** compraria.

The reflexive pronoun is also inserted between the infinitive and the ending, unless it precedes the verb:

> lavar-**me**-ei or **me** lavarei.   *I shall wash myself.*
> lavar-**se**-iam or **se** lavariam.   *they would wash themselves.*

Uma receita (*a recipe*)

A colourful and tasty savoury for your party table.

EXERCÍCIO 8.3
Ovos com recheio de anchova (*eggs stuffed with anchovies*)

(A) **Os ingredientes**   (*the ingredients*)
   Find on the right a translation for the ingredients on the left.

1	meia dúzia de ovos	(*a*)	*one lettuce*
2	uma lata pequena de anchovas em filete	(*b*)	*a small jar of stuffed olives*
3	sumo de meio limão	(*c*)	*half a dozen eggs*
4	um boião pequeno de azeitonas recheadas	(*d*)	*a small can of filleted anchovies*
5	um boião pequeno de maionése	(*e*)	*juice of half a lemon*
6	uma alface	(*f*)	*a small jar of mayonnaise*

(B) **O procedimento**   *(the method)*
Now work out what to do.
Any words you may require can be found in the vocabulary.

Cozer bem os ovos. Descascá-los. Cortá-los ao meio ao comprido.
Tirar a gema.
Cortar as enchovas em bocadinhos. Misturá-las com as gemas e o
sumo de limão.
Encher as claras com a mistura. Por cima pôr um pouco de
maionése e colocar uma azeitona no meio. Cobrir o fundo de uma
travessa com a alface cortada em tirinhas. Colocar os ovos
recheados no leito de alface.

(C) *Clara*: Gostaria de fazer os ovos com recheio de anchova, mas
hoje não posso, porque não tenho os ingredientes.
1   Re-write the sentence above starting with *He says that
Claire* . . . , i.e., **Ele diz que a Clara** . . .
2   Re-write the sentence in (1) but substituting the Imperfect for the
Conditional.

Imperfect Subjunctive tense

I might/should . . .	*buy*	*sell*	*leave*
eu	comprasse	vendesse	partisse
tu	comprasses	vendesses	partisses
o sr/a sr*a*, você } ele/ela	comprasse	vendesse	partisse
nós	comprássemos	vendêssemos	partíssemos
os srs/as sr*as*, vocês} eles/elas	comprassem	vendessem	partissem

Use this tense:
1   for the expression of a wish or hope (as Present Subjunctive,
note 1) transferred to past time and/or a more remote degree of
probability:

Esperava que a consulta fosse hoje.   *I hoped/was hoping that the*
consultation might be today.

2   for the expression of sorrow or sympathy (as Present Subjunctive, note 2) transferred to past time:

> Senti muito que ela estivesse doente.   *I was very sorry that she was ill.*

3   for an action or event regarded as a possibility (as Present Subjunctive, note 3) but with a much greater degree of doubt.

> Ela talvez tomasse uma bebida quente.   *She might perhaps have a hot drink.*

4   after a main clause that implies influence upon people or things (as Present Subjunctive, note 4) transferred to past time:

> A hospedeira pediu ao passageiro que apertasse o cinto.   *The stewardess asked the passenger to fasten his belt.*
> Pedia a Maria que fizesse o favor de me comprar o jornal.   *I used to ask/was asking Mary to be kind enough to buy me the paper.*

5   in combination with the Conditional tense:

> Partiriam amanhã se as conferências acabassem hoje.   *They would leave tomorrow if the lectures finished today.*
> Se quisesse, poderíamos ir ao cinema.   *If you so wanted, we could go to the cinema* (cf. Future Subjunctive, Unit 7, p. 139).

Note, however, the following examples where, instead of the Conditional tense, the Imperfect Indicative has been used: (see p. 151)

> Partiam amanhã se as conferências acabassem hoje.
> Se quisesse, podíamos ir ao cinema.

Subjunctive tenses—Present, Imperfect and Future

Note that the subjunctive tenses have in common a non-factual presentation of an action or state of being. The implication is of an action or state which has not occurred yet, either in relation to the present moment or to some point of time in the past.

> Eu disse-lhe que não fizesse isso.   *I told him not to do that.*

Um convite para a festa (*an invitation to the party*)

EXERCÍCIO 8.4

aceitar *to accept*	**(o) recado** *message*
comparecer *to be present*	

(A) You have received the following visiting card (**um cartão de visita**) inviting you and your friend to a party.

Helena Azevedo
Raul Azevedo

têm o prazer de vos convidar para uma festa no sábado próximo das 20h00 à meia-noite.

Respondam por favor

From the sentences below select and put in the right order those you need for the following:

1 The text for a reply card, accepting.
2 A message to be left with the home help over the telephone, when you hear from her that your friend is out. You are refusing the invitation.

(*a*) Ah!, não está. Então deixo um recado.
(*b*) Lá estaremos às oito horas.
(*c*) É com muito prazer que o aceitamos.
(*d*) Temos que sair do país em viagem de negócios.
(*e*) Agradecemos o vosso convite para a festa de sábado.
(*f*) Quando ela chegar, diga-lhe que agradecemos o convite e que iríamos se pudéssemos, mas infelizmente não nos é possível comparecer.

> **divertir-se**   *to have a good time, to enjoy oneself*

(B)   Linda and Charles have been invited to a party.

Put the words in brackets in the right form and order so as to translate the English sentences:

1   *I hope (wish that) you have a good time.*
Desejo que (divertir-se).
2   *Have a good time!*
(divertir-se).
3   *He said that he hoped (wished that) they would have a good time.*
Ele disse que desejava que eles (divertir-se).
4   *I am sure that they will have a good time if they go to the party.*
Estou certo de que eles (divertir-se) se forem à festa.
5   *I am sure that they would have a good time if they went to the party.*
Estou certo de que eles (divertir-se) se fossem à festa.

pedir, perguntar

Note that:
perguntar = *to ask, to enquire.*
pedir = *to ask for, to request.*

> Ele **pergunta** em que consiste a 'caldeirada à moda da casa'.   *He asks what 'caldeirada à moda da casa' consists of.*
> Ela **pede** 'caldeirada à moda da casa'.   *She asks for 'caldeirada à moda da casa'.*

saber, conhecer, encontrar

Note that:
saber = *to know, to know a fact, be informed about.*
conhecer = *to know, to be acquainted with.*

> **Sabe** onde é esta rua?   *Do you know where this road is? (Have you been told where it is?)*
> **Conhece** esta rua?   *Do you know this road? (Have you been along it?)*

conhecer = *to meet, to make acquaintance.*
encontrar = *to meet, to see each other.*
Note also:
encontrar = *to find* (**achar**)

Já **se conhecem?** *Have you ever met?*
Quando **nos encontramos** outra vez? *When are we meeting again?*
Encontrei os óculos de sol que tinha perdido. *I have found the sunglasses I had lost.*

Cultura e diversões (*culture and entertainment*)

Uma ida à casa de fado (*a visit to the fado club*)

EXERCÍCIO 8.5
o cliente = o freguês
a madrugada = as primeiras horas do dia

FADOS E GUITARRADAS

FADO SONGS AND GUITAR MUSIC

Restaurante Bar

ABERTO DAS 21 ÀS 4 DA MADRUGADA

Peça a carta de vinhos

Please ask for the wine list

(A)   With the assistance of the notice above, unscramble the following dialogue:

1   – (*pegando na carta dos vinhos e na ementa*) Obrigado. A que horas começam os fados e as guitarradas?
2   – Ainda têm lugares?
3   – Às 10 horas.
4   – Estamos abertos até às 4 horas da madrugada.
5   – (*sentando-se*) Obrigado. Traga-me a carta dos vinhos e a ementa, faz favor.
6   – Temos sim, na mesa junto à porta à esquerda.
7   – Ah sim, às dez. E até que horas estão abertos?
8   – Aqui tem.

(B) Re-write the following sentences, completing them with a form of **pedir**, **perguntar**, **saber** or **conhecer**, as appropriate.

O cliente senta-se e (. . .) a carta dos vinhos e a ementa. Ele naturalmente (. . .) o que é uma Casa de Fados, mas não (. . .) esta bem. Não (. . .) até que horas está aberta. (. . .) ao empregado de mesa e este responde-lhe que estão abertos até às 4 horas da madrugada.

EXERCÍCIO 8.6
(A) **Uma ida ao estádio** (*a visit to the sports stadium*)

(a) fila   *row*

BANCADAS

AO SOL
sun seats

`A SOMBRA
shade seats

esgotado
sold out

1°   – Ainda tem lugares nas bancadas à sombra?
     – Ainda.
     – Então queria três, na segunda fila, se possível.

2°   – Queria dois lugares à sombra.
     – Já não há. Só ao sol.
     – Então não quero.

Give full answers to the following questions:
1   Ainda havia lugares à sombra quando a primeira pessoa comprou bilhetes?
2   A segunda pessoa teria comprado bilhetes se ainda houvesse lugares à sombra?

(B) **Assistindo ao desfile** (*watching the parade*)

números pares   *even numbers*
números ímpares   *odd numbers*

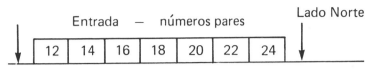

AVENIDA

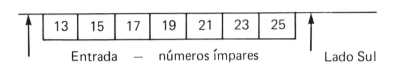

arquibancada = bancada grande

– Vou bem para o lugar 242?
– Não, não vai. Esse lugar fica na arquibancada número 24. Os números pares são do outro lado da Avenida.

Give full answers to the following questions:

1 A pessoa iria bem, se estivesse no outro lado da Avenida?
2 Uma pessoa com um número par iria bem, se estivesse no lado norte da Avenida?

EXERCÍCIO 8.7

Uma ida ao teatro, ao cinema, à ópera ou a um concerto (*a visit to the theatre, the cinema, the opera or a concert*)

> (a)   galeria *gallery*
>
> (o)   2° balcão ou balcão de 2ª ordem *upper circle*
>
> (o)   1° balcão ou balcão de 1ª ordem *dress circle*
>
> (os) camarotes *boxes*
>
> (a)   plateia *stalls*
>
> (a)   orquestra *orchestra*
>
> (o)   palco *stage*

Read the following sentences:
1   Lisa diz que talvez *compre* bilhete para um camarote.   (verb *comprar*)
2   Bob pede que lhe *dêem* cinco lugares na 2ª fila do 1ª balcão.   (*dar*)
3   Tony espera que ainda *haja* lugares na galeria.   (*haver*)
4   Ann quer um bilhete. *Comprá-lo-á* só se *fôr* na 4ª fila da plateia.   (*comprar; ser*)
5   Lee diz que *vai comprar* três bilhetes para o 2º balcão.   (*ir comprar*)
6   June e Mary dizem que *vão compar* bilhetes mas só se *forem* perto da orquestra e do palco.   (*comprar; ser*)

Re-write the sentences above but starting with, respectively,
1   Lisa disse . . .   2   Bob pediu . . .   3   Tony esperava . . .
4   Ann queria . . .   5   Lee disse . . .   6   June e Mary disseram

Prova de Compreensão

Todas as pessoas } (as individuals)   *everyone* { **Toda a gente** (Br.) **Todo (o) mundo** (as a whole)

Answer the questions on the following conversation between the Portuguese Eduardo and the Brazilian Heloísa.

1   What is a *carioca*?
2   What event takes place in the whole of Brazil and above all in Rio, three days before Lent?
3   What name is given to the samba societies and how many members do they have?
4   Where does every one dance?
5   Find the names given to (*a*) the dancers, (*b*) the percussion section, and (*c*) the costumes, in the samba societies parade.

Eduardo   Então você é *carioca*, é da capital do Carnaval?
Heloísa   Sou, sou *carioca*. O Carnaval festeja-se no Brasil inteiro. Mas o Rio é sem dúvida a sua capital.
Eduardo   Vocês começam a preparar tudo com muita antecedência, não começam?

Heloísa	Começamos. Para os turistas é que a festa dura só três dias, os três dias antes da Quaresma. É quando há bailes por toda a parte. Todo mundo vai para a rua.
Eduardo	Mas o ponto mais alto da festa é o desfile, não é?
Heloísa	É sim, o desfile das *escolas de samba*. Algumas têm milhares de sócios.
Eduardo	Que nome é que vocês dão aos bailarinos das *escolas de samba*?
Heloísa	*Passistas*. E os que tocam o ritmo são a *bateria*. E as *fantasias* são as roupas alegóricas.
Eduardo	E quando é o desfile?
Heloísa	É durante a noite de domingo para 2ª feira.
Eduardo	Gostaria de ver o desfile. Se puder irei vê-lo no próximo ano.

9 Tomara que estivesses aqui!

This unit aims at helping you become more fluent in social conversation. Interests, hobbies, opinions, feelings and intentions are dealt with. You will also be shown how to write a letter.

Diálogo

(This dialogue is based on the postcards which follow it.)
Conversação entre marido e mulher (*conversation between husband and wife.*)
Em casa (*at home*)

Afonso (*ao chegar a casa*) Que estás a fazer?

Célia Estou a responder a um postal que a minha irmã nos mandou. Chegou hoje no correio da manhã depois de teres saído.

Afonso Como está ela?

Célia Está bem. Está tudo bem. Diz que o tempo tem estado bom e ela tem tido umas férias óptimas. Olha! o postal está aqui. Queres lê-lo?

Afonso Quero. Dá-mo cá, faz favor. (*lendo*) Diz que deve ficar lá até ao próximo mês . . . . Manda abraços para nós e beijos para os pequenos. Eles sabem?

Célia Não, ainda não lho disse.

Afonso Pedro e Vera! venham cá. A tia Júlia escreveu este postal e manda beijinhos para vocês. Olhem! o postal tem uma vista bonita da Madeira. (*para Célia*) Ainda bem que ela está satisfeita. Quando ela voltar, havemos de convidá-la para vir jantar connosco.

Célia Isso é boa ideia! Pode então contar-nos tudo sobre as férias.

ao chegar a casa *on arriving home* (lit. *on the + to arrive + at home*)
no correio da manhã *in the morning post*
depois de teres saído *after you had gone out* (lit. *after + of + (you) + to have + gone out*)
tem tido *has been having*

abraços; beijos; beijinhos; saudades *love* (see Comentário)
o pequeno *the little one*
ainda bem *fortunately*
ainda bem que *I am glad that*
havemos de *we will*
para vir jantar *to come over and have dinner*

Madeira, 10 de Agosto

Queridos Célia e Afonso:
Escrevo para vos dizer
que estou bem.
O tempo tem esta-
do bom e tenho
tido umas férias
óptimas. Devo ficar
aqui até ao próximo
mês.
Saudades para todos.
Abraços para vocês
e beijinhos para os
pequenos. yúlia

Ao

Sr. Afonso Castro
e Esposa

R. Senhora da
Luz, 189

4103 Porto

PORTUGAL

Porto, 12 de Agosto

Querida Júlia
ficamos contentes
em saber que tens
tido umas férias boas.
Estamos desejando
voltar a ver-te.
Diz-nos em que dia
chegas para te irmos
buscar ao aeroporto.
Saudades nossas.
Abraços e beijos de
nós os quatro.
Célia

à

Srª. D. Júlia Machado

Hotel Boas Férias

Av. Arriaga, 42

9041 Funchal

MADEIRA

---

ficar contente em saber *to be happy to hear*
estar desejando *to look forward to*

voltar a ver *to see again*
para te irmos buscar *for us to go to meet you*

EXERCÍCIO 9.1   Certo ou errado?

1   Célia está a escrever um postal a Júlia.
2   Júlia escreveu um postal da Madeira.
3   As férias de Júlia não têm sido boas.
4   Afonso e Célia vão convidar Júlia para jantar quando ela voltar.

EXERCÍCIO 9.2   Perguntas e respostas sobre o diálogo e os postais.

1   Quando chegou o postal de Júlia?
   (*a*)   Chegou antes de Afonso ter saído.
   (*b*)   Chegou depois de Afonso ter saído.
2   Quem lê o postal de Júlia?
   (*a*)   É Célia quem o lê.
   (*b*)   É Afonso quem o lê.
   (*c*)   Tanto Célia como Afonso o lêem.
3   Quando é que Júlia deve voltar?
   (*a*)   Deve voltar este mês.
   (*b*)   Deve voltar em Setembro.
   (*c*)   Deve voltar em Outubro.
4   O que é que Júlia escreve no fim do postal? Escreve que manda:
   (*a*)   Abraços para todos.
   (*b*)   Beijos para todos.
   (*c*)   Abraços para os adultos e beijos para as crianças.

Comentário

Correspondence

Addressing your mail
Name:
(*a*)   Write just **A** plus the name;
(*b*)   Precede the name by:

in Portugal	in Brazil
Ao Sr.	**Ao Sr.**
À Sra. D.	**À Sra.**
À Sra. D.	**À Srta.**
Ao Menino	**Ao Jovem**
À Menina	**À Jovem**

(*c*) For a more conservative and courteous approach, precede the words in (*b*) by:

Exmo (= **Excelentíssimo**) }
Exma (= **Excelentíssima**) } in Portugal

Ilmo (= **Ilustríssimo**) }
Ilma (= **Ilustríssima**) } in Brazil

A Afonso Castro *or* **Ao Sr.** Afonso Castro *or* **Ao Exmo Sr.** Afonso Castro *or* **Ao Ilmo Sr.** Afonso Castro.

Note: **Ilmos Srs.** corresponds to *Messrs.* (in Portugal and Brazil)

Address:
Name of road ⟶
code ⟶

| Av. Arriaga, 42 |
| 9041 FUNCHAL |

⟵ number
⟵ city or
locality

In Brazil, also enter the acronym for the State:

20221 — Rio de Janeiro — RJ
code——city——State

Your letter
Opening words:

(*a*) **Querido/Querida** + *Christian name* to a close friend;
(*b*) **Caro/Cara** + *Christian name or surname* to an acquaintance;
(*c*) **Caro Senhor/Cara Senhora** *Dear Sir/Madam*;
(*d*) **Exmo Senhor/Exma Senhora** or **Ilmo Senhor/Ilma Senhora** *Dear Sir/Madam* (conservative);
(*e*) **Ilmos Senhores** *Dear Sirs* (commercial)

Closing words (corresponding to the opening words above):

(*a*) **Beijos** or **Abraços**
(*b*) **Abraços** or **Cumprimentos**
    A saudade, o abraço (*hug*), **o beijo** (*kiss*) and respective diminutive **o beijinho,** are often used as affectionate parting words in letter-writing.
    saudade or **saudades** (lit. *yearning*)
    Estou com/Tenho **saudade** de *I am missing*

(*c*) **Subscrevo-me, atentamente,**
(*d*) **Subscrevo-me, de V. Exa., atentamente,**
(*e*) **Subscrevo-me, de V. Sras., atentamente,**
    (**V. Exa.** = **Vossa Excelência**)
    (**V. Sras.** = **Vossas Senhorias**)

Gramática

Inflected or Personal Infinitive

	to buy	to sell	to leave
eu	comprar	vender	partir
tu	comprares	venderes	partires
o sr/a sr^a, você } ele/ela	comprar	vender	partir
nós	comprarmos	vendermos	partirmos
os srs/as sr^{as}, vocês } eles/elas	comprarem	venderem	partirem

(In verbs which have a regular Preterite, the Future Subjunctive is identical to the Inflected or Personal Infinitive, though *in form only*.) The Personal Infinitive is unique to Portuguese. It simplifies grammar as it can replace other tenses, particularly the Subjunctive tenses.

We have been using the Personal Infinitive throughout the book, right from Unit 1: Faça o favor de **repetir** (p. 19).

Use this tense in order to:

(a)   give the verb the 'uncharacteristic' quality of an Infinitive, which will enable it to assume the meaning required by its context—Indicative or Subjunctive (present, past or future).

(b)   retain awareness of the person who is the subject of the action or state of being:

> Faça o favor de repet**ir**
>   (i.e., **você** repet**ir**).
> Façam o favor de repet**irem**.
>   (i.e., **vocês** repet**irem**).

Revise Portuguese rendering of -ing, p. 84.
Note:

1.   Remember that 'person' is the active element in the Inflected or Personal Infinitive. The personal pronoun (expressed or understood) is in the subject form:

> para **(ele)** apertar o cinto   'for *him* to fasten his belt'
> **(eu)** comer   *me/my* eating

2.   The use of personal endings with the Infinitive ranges from the need to avoid obscurity to optional emphasis for extra clarity or effect:

Fazerem o favor de apertar(em) o cinto.

(The **-em** of **apertarem** is often dispensed with).

Note that an object pronoun (including reflexives) will precede the Inflected Infinitive: **o** apertarem   *fastening it*

Subjunctive and Inflected or Personal Infinitive

1. When expressing a wish or hope, use:
   (*a*)   the Subjunctive if the subject of the second verb is different from that of the first verb:

   Desejo que **faça** boa viagem. *I wish that you may have a nice journey.*

   (*b*)   the Infinitive if the subject is the same:

   Espero **fazer** boa viagem. *I hope I shall have a nice journey./I hope to have a nice journey.*

2. Use the Subjunctive when there is no preceding conjunction (such as **que**, **quando**, **se**, etc.) or adverbial phrase (**antes de**, etc.).

   Eu talvez **escolha** o prato do dia. *I may well choose the dish of the day.*
   Eu talvez **tivesse escolhido** o prato do dia. *I might well have chosen the dish of the day.*

Inflected or Personal Infinitive and alternative tenses

In the examples below you can see two different ways of saying the same thing, the first using the Inflected or Personal Infinitive, the second using a different tense. It does not matter which you choose. With a request verb (**pedir** or other), however, the Inflected or Personal Infinitive is used only colloquially; not in careful speech or writing.

Noun clauses:

A hospedeira pede ao passageiro (*see p. 138 (4)*)	para **apertar** o cinto.
	que **aperte** o cinto. (Pres. Subj.)
	para **fazer** o favor de apertar o cinto.
	que **faça** o favor de apertar o cinto. (Pres. Subj.)
A hospedeira pediu aos passageiros (*see p. 154 (4)*)	para **apertarem** o cinto.
	que **apertassem** o cinto. (Imperf. Subj.)
	para **fazerem** o favor de apertar o cinto.
	que **fizessem** o favor de apertar o cinto. (Imperf. Subj.)

É possível | ela **tomar** uma bebida quente.
       | que ela **tome** uma bebida quente. (Pres. Subj.)
(*compare p. 138 (3)*).

Time clauses:

Gosto de beber alguma coisa | antes e depois de **comer**.
       | antes e depois que **coma**. (Pres. Subj.)
    (*I like to have something to drink before and after eating*)

Telefonei para a minha amiga | ao **chegar** a casa.
       | quando **cheguei** a casa. (Preterite)
    (*I telephoned my friend when I arrived home.*)

Atravessem ao **chegarem** a esquina.
       quando **chegarem** à esquina. (Future Subj.)
    (*Go as far as the corner, then cross over when you get to the corner.*)

Ficamos em casa do João ⎫ | ao **irmos** ao Porto.
Vamos ficar em casa do João ⎬ | quando **formos** ao Porto. (Future Subj.)
Ficaremos em casa do João ⎭
    (*We are staying/are going to stay/shall stay at John's when we go to Oporto.*)

Causal Clauses and Clauses of Purpose:

Não vamos ao cinema | por **termos jantado** tarde.
       | porque **jantamos** tarde. (Preterite)
    (*We are not going to the cinema because we had dinner late.*)

Comprei-te um livro | para o **leres**.
       | para que o **leias**. (Pres. Subj.)
    (*I bought you a book for you to read. . . . so that you may read it.*)

Conditional and concessional clauses:

Vocês engordarão | a **comerem** assim.
       | se **comerem** assim. (Future Subj.)
    (*You will put on weight if you eat this much.*)

Não engordam | apesar de **comerem** muito.
       | embora **comam** muito. (Pres. Subj.)
    (*They do not put on weight despite eating a lot.*)

EXERCÍCIO 9.3

Um hotel de luxo   (*a luxury hotel*)

A couple on honeymoon have been asked why they chose to stay at this hotel and what they think of it. Study some of the facilities available in the hotel and the couple's words.

a discoteca *disco dancing* **a música estéreo** *stereo music* o solário *solarium* o salão de jogos *games room*

Estamos aqui em lua-de-mel. Escolhemos este hotel principalmente por causa da discoteca, da música estéreo, do solário e do salão de jogos. Estamos muito satisfeitos. Ao voltarmos, ficaremos aqui outra vez.

Now study some further facilities available in the hotel. They particularly appeal to Sr Borges, who is staying at the hotel on a business visit. Make a parallel statement on his behalf.

os salões para reuniões *meeting facilities* **a agência de viagem** *travel agency* **o salão para coquetéis** *cocktail lounge* **a sauna e fisioterapia** *sauna and physiotherapy*

EXERCÍCIO 9.4
Uns dias fora (*a few days away*)

Aguardo com interesse . . . corresponds to *I am looking forward to* . . . in formal letter writing or speech.

(A)   Below you have two sets of jumbled-up sentences. Rearrange them to obtain the wording of:
1 a letter to the tourist-office asking for information;
2 a letter booking a hotel-room.

1 (*a*) Aguardo com interesse a vossa resposta.
  (*b*) Estou interessado em visitar essa cidade.
  (*c*) Agradeço que me mandem informação para visitantes, incluindo uma lista dos hotéis.

2 (*a*) Se for possível, façam o favor de reservar o quarto em meu nome de 6ª feira dia 4 até domingo dia 6.
  (*b*) Desejo passar aí três dias em agosto.
  (*c*) Aguardo com interesse a vossa resposta.
  (*d*) Preciso de um quarto de casal com banho e pensão completa.

(B) A pessoa que escreveu as cartas pediu para lhe mandarem informação para visitantes e pediu para lhe reservarem um quarto. Re-write the sentence above but beginning with: A pessoa que escreveu as cartas pediu que . . .

I love . . .

An emphatic alternative to **gostar muito de**   (*to like very much*) can be found in **adorar** (*to adore*), with **detestar** (*to detest, hate*) as its opposite:

> **Adoro** nadar e **detesto** fazer malha.   *I very much love swimming and hate knitting.*

amar (*to love*) tends to be associated with noble feelings:

> **Amo** meus filhos.   *I love my children.*

I miss . . .

To miss in the sense of *to fail to . . .* finds a rendering in **perder**:

> **Perdi** a oportunidade.   *I missed the opportunity.*
> **Perdi** o avião.   *I missed the plane.*

To miss in the sense of *to feel the lack of* corresponds to **sentir falta de**:

> **Sinto falta de** um aparelho de vídeo. Vou comprar um.   *I lack a video set. I am going to buy one.*

To miss in the sense of *to notice with regret the absence or loss of* corresponds to **ter saudade de** or **estar com saudade de**:

> **Tenho saudade d**a Inglaterra. **Estou com saudade d**a Inglaterra.   *I am missing home (home being England).*

Your feelings

The same format as above applies to the expression of feelings in general.

Tenho	pena (*pity*) de	*I'm (feeling) sorry for*
Estou com	inveja (*envy*) de	*envious of*
	ciúme (*jealousy*) de	*jealous of*
	medo (*fear*) de	*I'm afraid of*

O bebé (Br. bebê) **tem medo d**as ondas do mar. *The baby is afraid of the sea waves.*

I am sure . . . , I am right

Use **ter a certeza de** (Br. **ter certeza de**) for *to be sure* and **ter razão** for *to be right (to have made the right judgment)*:

Tenho a certeza de que tenho razão. *I am sure I am right.*

You can also use **estar certo** (*to be certain*) for *to be sure*:

Estou certo de que tenho razão. *I am sure I am right.*

Certo may though have other meanings, for example, *correct* or *all right*:

Certo ou errado? *Right or wrong?*;
Está **certo!** = Está bem! *It's O.K.!*

I think, in my opinion . . .

Pensar (*to think*) and **achar** (*to find*) can be synonymous words when expressing one's opinion:

Penso que ele tem razão *or* **Acho** que ele tem razão. *I think that he is right.*

Alternatives (with less conviction):

Parece-me que (*it looks to me as if*)	ele tem razão.
Segundo a minha opinião (*in my view*)	

Note that:
I think so and *I don't think so* are rendered by **Penso que sim** and **Penso que não.**

I believe, I agree

Crer and **acreditar** translate *to believe*, but the latter is better left for trust in veracity rather than for conviction.

Creio que ele tem razão. *I believe he is right.*
Acredito nas palavras dele. *I believe his words.*

Concordar com or **estar de acordo com** will translate *to agree with*.

Concordo com o senhor. **Estou de acordo com** o senhor. *I agree with you.*

I will . . . , it will . . .

Haver is idiomatically used to express:
(*a*) firm determination over a future action.

Hei de a convidar. *I will invite her.*

(*b*)   firm conviction over a future event.

> **Há** de fazer sol.   *The sun will come out.*

Hence, in **haver de** you have an emphatic alternative to **ter intenção de** (*to have the intention of*) or **tencionar** (*to intend*):

> **Tenho intenção de** convidá-la. **Tenciono** convidá-la. *I am intending to invite her.*

To play

This verb finds a Portuguese translation as follows:
jogar (*to participate in a game*):

> **Jogo** futebol.   *I play soccer.*

tocar (*to perform on a musical instrument*):

> **Toco** piano.   *I play the piano.*

brincar (*to engage in children's play*)

> Ela **brinca** com o brinquedo.   *She plays with the toy.*

brincar (*to engage in frivolous play, as, for example, playing with words; hence to joke*):

> Isso não é a sério, o João **está a brincar**.   *You are not being serious, John, you are joking.*

EXERCÍCIO 9.5
Que desporto vai praticar este verão?   (*What sport are you going to practise this summer?*)

(o)   **desporto** (Br. **esporte**)   *sport*

 o golfe
golf

 a pesca
fishing

 a caça
submarina
scuba diving

 o esqui
aquático
water skiing

 o ténis
(Br. tênis)
tennis

 a vela *ou*
o iatismo
sailing

 o surfismo
wind-surfing

 a caça
shooting

 a equitação
e o hipismo
horse-riding/racing

(A)   Read the following expressed intentions and find the right holiday resort (**a estância de férias**) for each case.

1 Tenho intenção de	jogar golfe e fazer caça.
2 Tenciono	fazer iatismo e pesca
3 Hei de	fazer esqui aquático, surfismo e caça submarina.
4 Quero	jogar ténis e fazer hipismo
5 Vou	fazer equitação e iatismo.

Estância de férias	Desporto
A	
B	
C	
D	
E	

(B) Answer the following questions:

1 Pensa que a estância de férias B é a melhor para uma pessoa que goste muito de desportos aquáticos?

2 Acha que tenho razão em dizer que a estância E é melhor para uma pessoa nova e a estância D para uma pessoa menos nova?

Verbs: more auxiliaries

Some verbs lose their literal meanings to be used as auxiliaries:

Vou comprar. *I'm going to buy.* (Revise pp. 112–13)

Ir, vir and **andar** can express progression

Tem ido a piorar. *He has been getting worse.*
Tem vindo a melhorar. *He has been getting better.*
Ando a estudar português há dois meses. *I've been studying Portuguese for two months.*

Compare with:

> Estou estudando/a estudar há uma hora. *I've been studying for the past hour.* (Revise p. 132.)

Voltar a:

> **Voltarei** a telefonar na próxima semana. *I shall telephone again next week.*

Acabar de, começar a:

> **Acabei de** chegar. *I have just arrived.*
> **Acabei de** ler um livro e **comecei a** ler outro. *I have finished reading a book and have started reading another one.*

EXERCÍCIO 9.6
Os tempos livres. As horas de lazer. (*Free time. Hours of leisure.*)

(o)	passatempo predilecto (**Br.predileto**)	*hobby*

Qual é·o seu passatempo predilecto? *What is your hobby?*

The bar chart below shows how different hobbies rated in a survey.

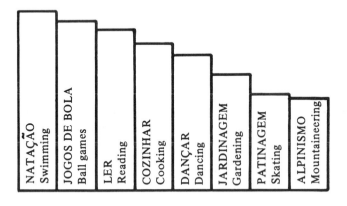

pertencer a *to belong to*	patinar no gelo *to skate on ice*
(o) grupo *group*	escalar montanhas *to climb mountains*
o seguinte *the following*	
(o) baile *dance*	(o) adepto *follower, 'fan'*

(A)   Uma pessoa que diz que gosta de nadar pertence ao grupo que diz NATAÇÃO.

Answer the following questions, using complete sentences:

A que grupo pertencem as pessoas que disseram o seguinte?:

1 'Patinar no gelo é o meu passatempo predilecto.'
2 'Adoro ir a discotecas e a bailes.'
3 'Detesto fazer o jantar todos os dias mas adoro experimentar pratos novos.'
4 'Creio que escalar montanhas é bom para a saúde.'
5 'Jogo basquetebol há seis meses. Não jogo bem mas venho a melhorar.'
6 'Comecei a jogar voleibol porque sentia falta de um desporto e agora pratico duas horas por dia.'

(B)   Answer the following questions with full sentences:

1 Qual é o passatempo com mais adeptos?
2 Qual é o passatempo com menos adeptos?
3 Qual é o terceiro passatempo com mais adeptos?
4 O número de pessoas que preferem jardinagem é inferior ou superior ao das que preferem patinagem?
5 Concordaria comigo se eu dissesse que COZINHAR é o passatempo mais popular de todos?

EXERCÍCIO 9.7
Críticas e sugestões   (*criticisms and suggestions*)
Qual é a sua opinião sobre as transmissões da Televisão?   *What is your opinion of television broadcasting?*

transmitir *to broadcast*	**(a) publicidade** *advertising*
(o) noticiário *news bulletin*	**(a) telenovela** *serial*
(a) notícia do País *home news*	**(a) violência** *violence*
(a) notícia do Estrangeiro *news from abroad*	

(A)   Maurício finds a lot to criticise. In fact he has written a letter expressing his views. Read some of his words:

'Os senhores transmitem poucos filmes nacionais. Algumas das telenovelas são interessantes, mas outras não são boas.
Há publicidade demais.
Os noticiários incluem poucas notícias do País e muitas do Estrangeiro.'

Answer the following questions:

1 Ele pensa que os serviços da Televisão transmitem muitos filmes nacionais?
2 Ele acha que não há telenovelas boas?
3 Segundo a opinião dele a TV tem pouca publicidade?
4 Que é que ele diz quanto aos noticiários?

(B) Maurício would obviously like to see some changes. Read some of his suggestions for improvement:

1 Seria boa ideia se fizessem mais programas culturais.
2 Os filmes de sexo e violência deveriam ser transmitidos depois que as crianças vão para a cama.
3 Embora sejam bons, os programas de música podiam ser melhores.

Re-write his suggestions but changing the verbs below to the Personal Infinitive and making any necessary alteration to the sentence:

1 fizessem   2 vão   3 sejam

Prova de Compreensão

(o) **poder legislativo** *legislative power*	(o) **Congresso** *Congress*
(o) **poder executivo** *executive power*	(o) **Senado** *Senate House*
(o) **poder judiciário** *power of the judiciary*	(a) **Câmara dos Deputados** *House of Deputies*

The Brazilian Violeta tells the Portuguese Marina about Brasilia, which she is going to visit. Answer the following questions about their conversation.

1 What is said of the general layout of Brasilia?
2 Are the government buildings in the 'centre' or on the 'wings' of the 'aeroplane'?
3 What name is given to the residential blocks of flats and where are they situated?
4 Why has the name Square of the Three Powers been given to the government quarters?

5   Which of the two palaces is the president's residence and which is the headquarters of Brazil's foreign service?

Marina   É interessante Brasília ser na forma de um avião.

Violeta   É. Os edifícios do governo são no centro do avião e as 'superquadras', isto é, os blocos residenciais, são nas asas do avião.

Marina   As 'superquadras' têm lojas e escolas, não têm?

Violeta   Têm. E algumas têm também cinemas e clubes. Uma coisa de que você vai gostar é a Praça dos Três Poderes.

Marina   O poder legislativo, o poder executivo e o poder judiciário?

Violeta   Sim. As duas torres do Congresso são muito altas. Uma é o Senado e a outra é a Câmara dos Deputados. Você também vai ver o Palácio da Alvorada, que é a residência do presidente, e o Palácio Itamaratí, que é a sede do Ministério das Relações Exteriores. E perto fica a Catedral, que também é moderníssima.

10 Ao voltarmos abrirei conta bancária

This unit deals with matters such as personal banking, a job, a home of your own, checking on your future against the stars and keeping in touch with the media. There is also some final advice and language games to help you make the most of the Portuguese you have learned.

Diálogo

No banco, abrindo conta (*at the bank, opening an account*)

Sr Castro Preciso de abrir uma conta. Que é necessário fazer?

Empregada Primeiro o senhor precisa de uma pessoa que possa dar referências a seu respeito.

Sr Castro Para esse efeito trouxe comigo uma carta de referências do meu banco em Londres.

Srª Mateus E eu também estou ao dispor para me responsabilizar pelo Sr Castro.

Empregada Óptimo! Então é só preencher o formulário e fazer as assinaturas modelo. O senhor deseja depósito à ordem ou depósito a prazo?

Sr Castro Ambos. Tenho comigo uns cheques de viagem que desejo depositar à ordem. No próximo mês virá de Londres uma transferência. É uma quantia elevada. É para ser depositada a prazo. Posteriormente virão transferências menores, mensalmente. Essas são para depositar à ordem.

Empregada O senhor receberá o livro de cheques e o cartão bancário pelo correio. Regularmente mandar-lhe--emos o extracto de conta e o aviso de lançamento de juros.

Sr Castro Só mais uma coisa. Depois gostaria também de ter um cartão para o terminal caixa.

Empregada Está bem. Trataremos disso também.

que é necessário fazer? *what is required?*
(as) referências a seu respeito *character references*
(a) carta de referências *character letter*
eu estou ao dispor para *you can count upon me to*
responsabilizar-se por *to vouch for*
(o) formulário *form*
(a) assinatura modelo *specimen signature*
(o) depósito à ordem *current account*
(o) depósito a prazo *deposit account*

(a) transferência *transfer*
(a) quantia elevada *lump sum*
posteriormente *at a later date*
(o) livro de cheques *cheque book* (Br. **talão de cheques**)
(o) cartão bancário *banker's card*
(o) extracto de conta *statement* (Br. **extrato de conta**)
(o) aviso de lançamento de juros *earned-interest advice note*
(o) cartão para o terminal caixa *cash-point card*
oferecer garantia *to offer a guarantee*

EXERCÍCIO 10.1 Perguntas e respostas sobre o diálogo

1 Que depósito é que o senhor Castro deseja?
 (*a*) Um depósito à ordem. (*b*) Um depósito a prazo. (*c*) Um à ordem e outro a prazo.

2 Que garantia é que ele oferece?
 (*a*) Ele tem consigo uma carta do seu banco em Londres.
 (*b*) A senhora Mateus responsabiliza-se por ele.
 (*c*) Tanto uma carta do banco como a senhora Mateus responsabilizar-se por ele.

3 Em que depósito deverá ser posto o dinheiro?
 (*a*) As transferências de Londres à ordem e os cheques de viagem a prazo.
 (*b*) Os cheques de viagem à ordem e as transferências de Londres a prazo.
 (*c*) A quantia elevada a prazo, as transferências menores e os cheques de viagem à ordem.

4 O que é que ele vai receber?
 (*a*) O livro de cheques e o cartão bancário.
 (*b*) O livro de cheques, o cartão bancário, o extracto de conta e o aviso de lançamento de juros.
 (*c*) O livro de cheques, o cartão bancário e o cartão para o terminal caixa.

Um cheque preenchido (*a made-out cheque*)

```
BANCO COMERCIAL INTERNACIONAL

Nº Conta    │ 10  99  941 │        Nº cheque │ 49 2021 │

Assinatura                          Pague por este
                                    cheque Escudos
  João Castro                         60 000$00

à ordem de  FERNANDO COSTA          Local de emissão
  MACHADO                             Lisboa
a quantia de  SESSENTA MIL
escudos                             Data  4|02|
```

> If you make an error, cross out, write *Ressalvo* followed by the corrected word(s) and sign again.

EXERCÍCIO 10.2   Perguntas sobre o cheque.

1 À ordem de quem é que o senhor Castro preencheu este cheque?
2 Que quantia é que se paga com este cheque?
3 Onde é que o cheque foi emitido?
4 O cheque está completo ou falta alguma coisa?

EXERCÍCIO 10.3
Propriedade (*Property*)
Anúncios (*Advertisements*)

The size of a flat or house is often indicated by the number of rooms having a wooden floor, i.e., **as divisões** (Br. **peças**) **assoalhadas** or just **assoalhadas**.

(i)   (ii)

3 assoalhadas, cozinha,

casa de banho e varanda

Resposta ao número 2789

**VENDE-
-SE**

5 ass., cozinha, casa de banho

vestiário. 2° andar, elevador

Resposta a este jornal ao Nº 2703

(A) Give full answers to the following questions:

1 Se você quisesse comprar um apartamento, qual dos dois lhe poderia interessar?
2 Qual dos apartamentos tem cinco assoalhadas, o que se vende ou o que se aluga?
3 Pensa que um destes anúncios talvez pertença ao apartamento da página 123?

(B) Patricia thinks apartment (ii) may suit her. Below you have the text of her letter to the newspaper. Re-write the letter finishing off the endings, etc. and putting the verbs in parentheses in the right form:

Respondo ao voss– anúncio número 2703 de 24 dest– mês.

Estou interessad– em comprar um apartamento e ess– talvez me (*convir*).

Agradeço que me (*dizer*) quando – poderei ver. A m– morada e o número do m– telefone são os seguintes: . . .

EXERCÍCIO 10.4
Um emprego (*a job*)
(A) Lúcia has completed a correspondence course in foreign languages. She has a good command of both spoken and written English, French and German. She has been trained as a computer operator, is a good typist and has experience of office-work in general.

Study Lúcia's professional profile below:
1 Tem um curso de correspondente em línguas estrangeiras.
2 Tem bom domínio do inglês, francês e alemão, falado e escrito.
3 Fez treino como operadora de computadores.
4 Escreve bem à máquina.
5 Tem experiência geral de secretariado, incluindo uso de telex.
6 Trabalha num escritório há três anos.

(B) Lúcia is thinking of changing her job. Find out the reasons why in the sentences below.

(o) regime de tempo parcial *part-time*	**ganhar** *to earn*	
(o) regime de tempo inteiro *full-time*	**(o) vencimento** *salary*	

1 Neste escritório trabalha em regime de tempo parcial e gostaria de trabalhar em regime de tempo inteiro.
2 Ganha pouco. Gostaria de ter um vencimento melhor.

Write the text of her letter in reply to the job in the advertisement.

You are given:
(i)   the opening paragraph;
(ii) the closing paragraph, saying a detailed C.V. is enclosed as requested and asking for an interview.

(a) experiência anterior   *former experience*
manuscrito = escrito à mão   *hand written*
do corrente = deste mês

PRECISA-SE
Correspondente
em línguas estrangeiras

- Alemão e Inglês — falado e escrito
- Trabalho de Secretariado, Telex, etc.
- Prefere-se com experiência anterior

Oferece-se vencimento compatível

Enviar resposta manuscrita com ⟨⟨C.V.⟩⟩

detalhado ao n.° 11884 deste jornal.

(i)   Respondo ao vosso anúncio nᶜ 11884 de 4 do corrente mês pedindo correspondente em línguas estrangeiras.
(ii) Incluo C.V. detalhado, como pedido. Aguardo com interesse a vossa resposta e espero que me possam conceder uma entrevista.

Adapt the contents of (A) and (B) above for the two middle paragraphs. Begin with **Tenho . . .**

EXERCÍCIO 10.5
O currículo ou o curriculum vitae
Following the model headings provided, write a C.V. for the person you first met on page 61, Ana Maria Gama.
   Below there is some additional information on Ana Maria.

   O pai da Ana Maria, já falecido, chamava-se Álvaro José Santos Magalhães. O nome de solteira da mãe era Maria Margarida Ventura Pereira. A Ana Maria faz anos a 23 de Junho e tem 30 anos.

frequentar *to attend*
  (Br. **freqüentar**)
(a) **escola primária** *primary*
  school
(a) **escola secundária**
  secondary school
(a) **Faculdade de Medicina**
  Medical School
	(a) **Universidade** *University*
	(o) **grau** *academic degree*
	(o) **curso de pós-graduação**
	  post-graduate course
	(o) **cargo professional**
	  professional duty held

Frequentou a escola primária chamada Escola Bom Sucesso e depois o Liceu Lusíadas, ambos em Lisboa. Finalmente, frequentou a Faculdade de Medicina da Universidade de Lisboa, onde obteve, primeiro, o grau de bacharelato e posteriormente o grau de licenciatura. Não frequentou nenhum curso de pós-graduação. Trabalha na Clínica Boa Saúde, o seu primeiro emprego. Pertence à Associação dos Médicos. Não publicou trabalhos nenhuns.

CURRICULUM VITAE

1. Informação geral
   - 1.1 Nome completo
   - 1.2 Filiação (pai e mãe)
   - 1.3 Data de nascimento
   - 1.4 Naturalidade
   - 1.5 Nacionalidade
   - 1.6 Estado civil
   - 1.7 Residência
   - 1.8 Documentos de identificação
     (bilhete de identidade ou outro)

2. Formação Educacional
   - 2.1 Primária
   - 2.2 Secundária
   - 2.3 Superior
   - 2.4 Pós-graduação

3. Cargos profissionais
   - 3.1 Emprego presente
   - 3.2 Empregos anteriores

4. Informação suplementar
   - 4.1 Sociedades culturais
   - 4.2 Trabalhos publicados

EXERCÍCIO 10.6

A sua vida . . . e os signos do Zodíaco (*your life . . . and the signs of the Zodiac*)

Gustavo is making plans for the weekend. Read below what is going through his mind.

(o) ramo	*bunch*	**(o) anel de noivado**	*engagement ring*

Ficar em casa a descansar.
Telefonar para casa do Joaquim, um amigo que não vejo há muito tempo.

Convidar Cristina para jantar fora, oferecer-lhe um ramo de flores e dizer-lhe que a amo. Comprar um anel de noivado para Cristina e pedir-lhe que se case comigo.

Read the horoscope for Sagittarian Gustavo and answer the following questions as if you were having a discussion on the matter.

(a) cansativa rotina	*tiring routine*	**ora afastados**	*you have lost touch with*
aproximar-se de	*to get in touch with*	**plenamente**	*fully*

SAGITÁRIO – 22 do 11 a 21 do 12
Habitualmente ligado a actividades da natureza ou que se relacionem a desportos, o sagitariano hoje deve procurar momentos de lazer que o afastem da cansativa rotina dos últimos dias. Aproxime-se de amigos ora afastados e dê-se plenamente ao amor. Saúde já bem melhor.

De acordo com o horóscopo o que será aconselhável Gustavo fazer no fim de semana que vem?

Answer the following questions:

1 Pensa que o Gustavo ficar em casa a descansar seja aconselhável?
2 Que tal acha ele telefonar para casa do Joaquim, acha que sim ou que não?
3 Diga-me o que pensa de ele convidar a Cristina para jantar fora. Pensa que é boa ideia ou não?
4 Creio que ele oferecer à Cristina um ramo de flores talvez seja bom. Não concorda comigo?
5 Responda-me a esta pergunta: Não lhe parece que ele comprar um anel de noivado para a Cristina e pedir-lhe que se case com ele é demais?

Fale português cada vez melhor (*Speak Portuguese better and better*)

Não caia em armadilhas linguísticas! (*Avoid language pitfalls!*)

Always try to 'think Portuguese' when you want to speak Portuguese. This is a golden rule.

Imagine that you are being shown several brands of **vinho verde** at a wine shop. You make your choice and use the verb **ter** meaning to say *I'll have this one.* To your surprise, though, you may well see the assistant put the bottle away. He thinks you are trying to say that you *already have* that one. As we saw earlier, **Quero este** or **Fico com este** would have conveyed the right meaning.

EXERCÍCIO 10.7
(A) Find one single English word that will translate the different Portuguese words in each set.

(*a*) Vou | pedir | um copo de água.
　　Vou | perguntar | onde é o vestiário.

(*b*) Por favor, | diga |-me o que aconteceu.
　　Por favor, | conte |-me como aconteceu.

(*c*) | Aprendi | português numa escola.
　　| Soube | a notícia pelo jornal.

(*d*)   Tenho que │ procurar │   um quarto
        Ela vai │ olhar │   pelas crianças.

(*e*)   Quer a luz │ acesa │ ou │ apagada │
        Quer o vídeo │ ligado │ ou │ desligado │
        Quer o casaco │ vestido │ ou │ despido │

(B)   Now find the 'mystery words' in the sentences below (one for
      each set). They are hidden in the 'word search' grid on page 187.

(*a*)   Não moro numa │ ? │   mas num apartamento.
        Agora vou para   .

(*b*)   Hoje há sol, faz bom │ ? │ .
        Vai demorar muito   ?

(*c*)   Esta senhora │ ? │ a bolsa.
        O meu amigo   o comboio das 9h.

(*d*)   O médico anda a │ ? │ dele.
        Se puder, vou   disso amanhã.
        Posso   o João por "tu"?

(*e*)   O senhor   reservar o lugar com antecedência.
        Você │ ? │ —me dinheiro.
        O Nuno   estar a chegar agora mesmo se saiu
                         de casa às 9 horas.

(*f*)   A que horas   o jantar?
        Para que │ ? │ isto?
        O casaco não me   . Está apertado.

(*g*)   │ ? │   20 para as 8.
                      os guardanapos na mesa.
                      duas pessoas no grupo.

(*h*)   Já   a Teresa?
        Ela não │ ? │ ninguém aqui.
        Peter não   Belém.

(*i*)   Peter   onde fica Belém.
        O senhor │ ? │ falar português?
        Você   se ela chegou bem?
        Este vinho   bem.

(*j*)

Onde		o seu apartamento?
Quem		em casa e quem vai sair?
Ela	**?**	contente quando alguém a visita.
O senhor		com o quarto?
Esta cor		–lhe bem.

C	O	N	H	E	C	E	R	A
O	C	A	S	D	E	V	A	S
F	A	T	T	E	M	P	O	S
A	O	R	E	V	I	E	R	E
L	P	A	M	E	D	R	O	R
T	I	T	O	V	Z	D	E	V
A	C	A	S	A	G	E	M	E
M	O	R	U	H	L	U	M	J
S	A	B	E	U	F	I	C	A

Tenha cuidado com 'falsos amigos'   (*Beware of 'false friends'*)

You will come across Portuguese words which will suggest English words. They may sound, look or even both sound and look alike, but they will have different meanings, sometimes 'dangerously' so!

Imagine that, on heading towards a door, you hear your Portuguese friend say to you **Puxe!**, which will sound very much like *Push!*. But (as you have learnt in this course) pushing is exactly what you must not do — pull instead!

Other 'false friends' have been unmasked for you throughout this course. E.g., *cup* — **copo**; *parent* — **parente**, etc. Often context, linguistic or situational, will alert you. But not always so.

Study the list of 'false friends' below.

	False friends	Correct meaning (This is not necessarily the only one.)	
P	actual (P.) atual (Br.)	present	E
E	actual	verdadeiro, real	P
P	ignorar	not to know	E
E	to ignore	fingir não ver/ouvir	P
P	(a) marmelada	quince fruit paste	E
E	marmalade	(a) geléia de laranja	P
P	ordinário	vulgar, inferior	E
E	ordinary	habitual	P
P	preocupado	worried	E
E	preoccupied	absorto	P
P	pretender	to intend	E
E	to pretend	fingir	P
P	roubar	to steal	E
E	to rob	assaltar	P
P	rude	uneducated	E
E	rude	grosseiro	P
P	sensível	sensitive	E
E	sensible	sensato	P

EXERCÍCIO 10.8

Resolva o problema! (*solve the problem!*)

Quem é o ladrão? *Who is the thief?*

Read the following and find out who stole the marmalade from the minimarket that morning, leaving an empty jar on the shelf(!!)

10h00. D. Rosa, uma das empregadas, pôs os pacotes de marmelada e os boiões de geléia nas duas primeiras prateleiras a contar de baixo.

10h10. D. Berta entrou com Joãozinho, o filho de dois anos, que estava a chorar porque queria descalçar as luvas e a mãe não deixava; é uma criança muito sensível.

D. Maria, a empregada da caixa, diz que D. Berta comprou um pacote de marmelada e que parecia preocupada ao sair.

10h15. D. Zulmira, senhora de sessenta anos, entrou com o Piloto, o seu cachorro. Conversou durante uns cinco minutos com D. Rosa junto à prateleira da marmelada e das geléias.

10h20. Sr. Olavo, homem de ar absorto que parecia ignorar tudo à sua volta, entrou na loja. Encontraram-se as suas impressões digitais no boião vazio.

10h30. Sr. José, o gerente, notou que o boião estava vazio.

Prova de Compreensão

Que notícias há? (*What is the news?*)

(as) jornadas *series of working days, seminars*	**participar** *to take part*
(a) engenharia *engineering studies*	**(a) comunicação** *communication (lecture)*
(as) instalações *premises*	**prever** *to expect*
	(o) tema *topic*

Answer the following questions on the news item below:

1   What will be held in the premises of the Gulbenkian Foundation in Lisbon?
2   What seven countries do the participants come from?
3   How many papers are expected to be delivered?
4   Two of the 'priority matters' are formative training and information-processing. What are the other three?
5   Which topic is allocated to the representatives of which country?
    Energy resources to Brazil?
    Transport to Angola?
    Agriculture to Mozambique?
    Information-processing in industry and in education to Portugal?

As Jornadas de Engenharia dos países de língua oficial portuguesa realizar-se-ão na próxima semana, em Lisboa, nas instalações da Fundação Calouste Gulbenkian.

Nestas jornadas participam 328 engenheiros de Portugal, Brasil, Cabo Verde, Guiné-–Bissau, Angola, Moçambique e São Tomé e Príncipe. As 144 comunicações previstas incidirão sobre cinco temas classificados pelos países participantes como de « interesse muito especial e urgente » – agricultura, energia, transportes, formação e informática.

Cada um dos temas foi atribuído a uma delegação nacional: os recursos energéticos a Cabo Verde, os transportes a Moçambique, a agricultura a Angola, a formação à Guiné-–Bissau, e o papel da informática na produção e no ensino a Portugal.

(in *O Jornal*, Portugal)

Key to the Exercises

Unidade 1

1.1 certo (3) (4), errado (1) (2).
1.2 (1) (*b*). (2) (*a*). (3) (*b*). (4) (*b*).
1.3 (1) (*c*). (2) (*a*). (3) (*e*). (4) (*j*).
(5) (*i*). (6) (*g*). (7) (*h*). (8) (*b*). (9) (*d*).
(10) (*f*).
1.4 Faz favor, pode me dizer onde é (1) a
paragem de autocarros? (2) o supermercado? (3) o posto de gasolina? (4) a
praia? (5) a passagem subterrânea? (6) a
Estrada do Aeroporto? (7) o Hotel Sol-
-Mar? (8) o museu?
1.5 (1) (2) (5) É. (3) (4) Não, não é.
1.6 (1) Information Desk (infor-
mations). (2) closed. (3) closed. (4) engaged (occupied). (5) Domestic
Flights—Arrivals, Departures (arrival,
departure of planes). (6) No parking on
working days. (7) No camping (it is not
allowed to camp here).
1.7 (1) −Que é preciso fazer para comprar uma bebida de laranja sem gás?
−Introduzir as moedas e, depois, premer
a tecla que diz *laranja* e a tecla que diz *sem
gás.*
(2)− . . . bebida de limão com gás?
− . . . *limão* . . . *com gás.*
(3)− . . . bebida de limão sem gás?
− . . . *limão . . . sem gás.*
(4)− . . . bebida de cola?
− . . . *cola.*

Unidade 2

2.1 certo (1) (2) (3), errado (4).
2.2 (1) (*a*). (2) (*b*). (3) (*b*). (4) (*b*).
2.3 (1) Quero dois quartos de solteiro,
com chuveiro e varanda, por dois dias.
(2) Quero dois quartos de casal com
cama dupla, com banheira, varanda e
vista para o mar, por oito dias/uma

semana. (3) Quero dois quartos de casal
com camas individuais, com chuveiro,
banheira, varanda e vista para o mar, por
quinze dias.
2.4 Pode me trazer mais (*a*) duas toa-
lhas? (*b*) dois sabonetes? (*c*) dois rolos
de papel higiénico? (*d*) duas almofadas?
(*e*) dois travesseiros? (*f*) duas colchas?
(*g*) dois cobertores? (*h*) dois lençóis?
2.5 (A) (2) Tem, sim. (3) Tem, sim.
(4) Dá, sim. (B) (2) Não, não é.
2.6 (1) Há lugar para um carro e uma
caravana? (2) Há lugares para duas
tendas familiares e três tendas individuais? (3) É proibido estacionar a
rulote aqui? (4) Onde (é que) podemos
estacionar o carro-cama?/Onde (é que)
podem estacionar o carro-cama? (5) É
preciso mostrar os documentos do carro?
(6) Vendem gasolina?
2.7 (1) quinhentos escudos. (2) quarenta e cinco escudos. (3) seiscentos e
setenta escudos e cinquenta centavos.
(4) mil e quarenta escudos e cinquenta
centavos/ um conto, quarenta escudos e
cinquenta centavos.
2.8 Queremos um café com açúcar, um
copo de cerveja e um copo de vinho, um
sumo de laranja, um chá com leite e sem
açúcar, três sanduíches de fiambre e três
de queijo, um gelado de baunilha e um de
morango, um pacote de batatas fritas e
dois bolos. (It obviously does not matter
if you have listed the items above in a
different order.)

Unidade 3

3.1 certo (2) (3), errado (1) (4).
3.2 (1) (*b*). (2) (*c*). (3) (*c*). (4) (*b*).
3.3 (A) (1) O meu nome completo é Ana

Maria Pereira Magalhães Gama. (2) Sou sim. Sou portuguesa. *or simply* Sim, sou portuguesa. (3) Sou de Faro. (4) Não, não estou noiva. Sou casada. (5) Moro em Coimbra. (6) O número do meu passaporte é oito milhões, cento e setenta mil, setecentos e setenta e um.
(B) (1) O nome completo dela é Ana Maria . . . (2) Sim, ela é portuguesa. (3) Ela é de Faro. (4) Não, ela não está noiva. É casada. (5) Ela mora em Coimbra.
3.4 Coimbra fica na província da Beira Litoral e no distrito de Coimbra. É capital de distrito. É um centro universitário.
3.5 Sou   (1) inglesa.   (2) escocesa. (3) galesa. (4) irlandesa. (5) brasileira. (6) portuguesa. (7) australiana. (8) canadense. (9) americana.
3.6 (A)   (1) É funcionário público. (2) Chama-se Anita. (3) É secretária. (4) O pai é engenheiro reformado e a mãe é dona de casa.
(B) (1) Num consultório. (2) Numa repartição do Estado. (3) Num escritório. (4) Está em casa.
(C) (1) De comboio ou de metro. (2) De carro. (3) A pé.
3.7 (A) A minha amiga é a senhora que está (2) sentada. (3) deitada. (4) em pé/de pé.
(B) Faça   o   favor   de   (4) deitar-se. (3) levantar-se e sentar-se. (2) levantar-se.

Unidade 4

4.1 certo (3), errado (1) (2) (4).
4.2 (1) (*b*). (2) (*b*). (3) (*c*). (4) (*b*).
4.3 (A)   (1) The   word   ALIMENTAÇÃO (food). (2) In the middle. (3) A door leading to the back of the shop.
(B) (1) A caixa que A quer está em cima do balcão. (2) A caixa que B quer está perto da montra. (3) A caixa que D quer está dentro do balcão. (4) A pessoa que prefere uma das caixas pequenas à volta da caixa grande é D. (5) C é quem quer uma caixa que está na segunda prateleira a contar de baixo, atrás do balcão.

4.4 (1) Queria um quilo destas maçãs que estão aqui no balcão. (2) . . . desses . . . (3) . . . daqueles . . .   (4) dessas . . . (5) . . . daqueles . . .
(6) . . . daquelas . . . (7) . . .   este . . . (8) . . . disto . . .   (9) . . . daquilo . . . (10) . . . disso . . .
4.5 (1) Sim, Vera quer comprar um fato de treino. (2) (*a*) Sim, Vera está provando fatos de treino. (*b*) Sim, Vera está a provar fatos de treino. (3) Ela prova três fatos. (4) O primeiro está apertado. (5) O fato que está bem é o que é um tamanho acima do primeiro.
4.6 (A) Pode me mostrar (2) uma blusa verde? (3) um vestido amarelo e azul? (4) um casaco vermelho e azul? (5) um fato castanho claro? (6) um fato de banho?/um calção de banho vermelho e cinzento? (7) um par de calças azuis escuras? (8) um par de meias brancas? (9) um par de sapatos pretos? (10) um par de colans claros? (11) um par de sandálias em cor natural? (B) Pode me mostrar (2) uma blusa verde, de seda? (3) . . . , de linho? (4) . . . , de lã? (5) . . . , de poliéster e lã? (6) . . . , de nailon e algodão? (7) . . . , de sarja? (8) . . . , de algodão? (9) . . . , de pelica? (10 . . . , de nailon? (11) . . . , de couro?
4.7 (1) Aceitamos. (2) Pode. (3) Não, não é.

Unidade 5

5.1 certo (1) (2), errado (3) (4).
5.2 (1) (*b*). (2) (*b*). (3) (*c*). (4) (*c*).
5.3 (A)   (1) Está   certo.   (2) Está adiantado.
(B) (1) João. (2) Pedro. (3) Nem um nem outro. (4) João. (5) Nem um nem outro. (6) Pedro.
5.4 (1) Às oito horas da noite. (2) Pode. (3) Às   doze   horas./Ao   meio-dia. (4) Acaba. (5) Já. (6) Não. (7) Está. (8) Das dezassete às vinte horas. (9) Está aberta toda a noite. (10) Às dezasseis horas. (11) Entre as oito da manhã e as seis da tarde. (12) Às oito e trinta e cinco. (13) Às oito horas. (14) Já. (15) Ainda não.

5.5 (A) (1) (*d*). (2) (*c*). (3) (*f*). (4) (*e*). (5) (*b*). (6) (*a*).
(B) (1) Faz mais calor em Lisboa. (2) A temperatura está mais baixa no Porto. (3) Há bom tempo no sul. (4) O tempo a norte do Rio Douro está muito nublado. (5) Sim, há vento de nordeste. (6) Há chuva a norte do Rio Tejo.
(C) No fim de semana passado houve sol a sul do Rio Tejo, fez vento nordeste--sudoeste, houve chuva a norte do Rio Tejo, esteve muito nublado a norte do Rio Douro, estiveram 26 graus C em Lisboa e estiveram 24 graus C no Porto.
5.6 (A) Amanhã, levanto-me cedo; tomo o pequeno almoço no quarto; vou ao aeroporto esperar Rui Pinto, que chega do Rio; almoço com Rui Pinto; vou ao escritório de Pedro Chagas; janto no hotel; e deito-me.
(B) Ontem, levantei-me cedo; tómei o pequeno almoço no quarto; fui ao aeroporto esperar Rui Pinto, que chegou do Rio; almocei com Rui Pinto; fui ao escritório de Pedro Chagas; jantei no hotel; e deitei-me.
(C) Amanhã, levante-se cedo; tome o pequeno almoço no quarto; vá ao aeroporto esperar Rui Pinto, que chega do Rio; almoce com Rui Pinto; vá ao escritório de Pedro Chagas; jante no hotel; e deite-se.
5.7 (*c*), (*b*), (*a*), (*d*).

Unidade 6

6.1 certo (2), errado (1) (3) (4).
6.2 (1) (*c*). (2) (*c*). (3) (*b*). (4) (*a*).
6.3 (A) waiting a maximum of 10 seconds after hearing the dialling tone and 5 seconds between two consecutive digits.
(B) (1) Não, não está. (2) Não, não está. (3) Está. (4) Não, não está.
6.4 (A) (1) −1. (2) −2. (3) −5.
(B) (1) −1. (2) −4. (3) −2. (4) −4. (5) −5.
(C) (1) Sim, pode-se mandar uma encomenda no postigo número três. (2) Podem-se comprar selos no postigo número um. (3) O número do guichê que

diz 'Posta Restante' é cinco.
6.5 (A) (1) Tinha hora marcada. (2) Não, lavei com champô para cabelo oleoso. (3) Aparei. (4) Arranjei-as no cabeleireiro.
(B) (1) Tive que esperar. (2) Li o jornal. (3) Não, quis um penteado diferente. (4) Fiz a barba no barbeiro.
6.6 (A) Ontem ela disse que havia louça para lavar mas não lhe apetecia lavá-la. Costumava gostar de fazer o serviço de casa, mas ultimamente nunca lhe apetecia fazê-lo. Felizmente a empregada doméstica ia chegar dentro de uma hora.
(B) (2) Lave esta camisa e passe-a a ferro antes das 4 horas, faz favor. (3) Faça as camas, aspire o chão e limpe o pó aos quartos, faz favor. (4) Vá às compras, compre estas coisas que estão no rol e depois ponha-as no armário, faz favor. (5) Faça o jantar e ponha a mesa para as 9 horas, faz favor.
6.7 (A) (*d*), (*b*), (*a*), (*e*), (*c*), (*f*).
(B) −Quero cambiar estas libras em escudos. . . . Estou no Hotel Internacional.
−Faça o favor de assinar . . . . Faça o favor de ir à caixa n°3.
−Como deseja o dinheiro?
−Dê-me trinta mil em notas de quinhentos e o resto em trocos, faz favor.
(C) (1) Não me deram o dinheiro quando (eu) estava ao balcão. Fui buscá-lo a uma caixa. (2) Sim, na caixa perguntaram-me como queria o dinheiro.
6.8 (1) Mostrou-me as tarifas por dia, por semana e por quilómetro rodado. (2) Aluguei o carro/Aluguei-o com seguro contra todos os riscos. (3) Sim, disse que era preciso pagar depósito de garantia. (4) Não, não terei o carro/não o terei na segunda-feira. (5) Vou buscá-lo quarta-feira.

Unidade 7

7.1 certo (1) (3) (4), errado (2).
7.2 (1) (*a*). (2) (*c*). (3) (*c*). (4) (*c*).
7.3 (A) (1) Dói-me muito a garganta desde domingo passado. (2) Dói-me um dente há dois dias. (3) Dói-me muito o

ouvido direito desde ontem à noite.
(4) Dói-me um pouco aqui desde 4ª-feira passada.
(B) Já me despi. A camisa já está despida.
(C) (1) every 6 hours. (2) 4 times a day. (3) every other day.
(D) (1) Sou. (2) Sofro do coração. (3) Sou alérgica a penicilina. (4) É A Rh. Positivo. (5) Não, não tenho. (6) (O) meu marido, João Ramos, telefone quatro, três — oito, nove — um. (7) Chama-se Rui Vasco.
7.4 (A) (1) Venho informar de um roubo. Roubaram-me uma caneta. É prateada, mas não é de prata. Tinha-a deixado ficar no carro. O carro estava fechado à chave. (2) (*a*) Tinha deixado ficar o relógio/Tinha-o deixado ficar no carro. (*b*) Sim, tinha fechado o carro/Tinha-o fechado à chave.
(B) Venho pagar uma multa.
7.5 (A) Lost Property (lost and found items).
(B) (1) I lost/have lost my passport. (2) I found/have found this passport.
(C) (1) Não, ela não se lembra quando foi a última vez que viu a carteira. (2) A carteira tinha dentro dinheiro, o passaporte, cheques de viagem e cartões de crédito. (3) Ela costumava trazê-la consigo/com ela na bolsa. (4) Ela talvez a tenha deixado nas lojas. (5) Ela pede ao polícia que, se alguém vier entregar a carteira, faça o favor de lhe telefonar para o hotel.
7.6 (A) Carlos — car B. Jorge — car A.
(B) (1) (*b*). (2) (*c*). (3) (*a*).
(C) (1) (*b*). (2) (*c*). (3) (*a*).
(D) Seguia pela estrada a 60 km/hora. À frente seguia o carro C, muito devagar. Vi o carro A no cruzamento. O carro A parecia que tinha parado. Ultrapassei o carro C. Quando ultrapassava/estava ultrapassando/estava a ultrapassar o carro C, o carro A avançou e embateu no meu.
(E) Nunca bebo quando conduzo.
7.7 (A) (1) O pneu está furado. (2) O farol está partido. (3) A carroceria está amolgada. (4) Os vidros estão partidos.

(B) (1) (*f*). (2) (*b*). (3) (*a*). (4) (*e*). (5) (*c*). (6) (*d*). (7) (*h*). (8) (*g*).

Unidade 8

8.1 certo (1) (3), errado (2) (4).
8.2 (1) (*b*). (2) (*a*). (3) (*b*). (4) (*c*). (5) (*c*).
8.3 (A) (1) (*c*). (2) (*d*). (3) (*e*). (4) (*b*). (5) (*f*). (6) (*a*).
(B) Hard-boil the eggs. Shell them. Cut them in half lengthways. Take out the yolks. Cut the anchovies into small bits. Mix in the egg-yolks and the lemon-juice. Fill the egg-whites with the mixture. Pour a bit of mayonnaise over the eggs and place a stuffed olive in the middle. Shred the lettuce and use it to cover the bottom of a serving dish. Place the stuffed eggs on the bed of shredded lettuce.
(C) (1) Ele diz que a Clara gostaria de fazer os ovos com recheio de anchova, mas hoje não pode, porque não tem os ingredientes. (2) Ele diz que a Clara gostava de fazer os ovos com recheio de anchova, mas hoje não pode, porque não tem os ingredientes.
8.4 (A) (1) (*e*), (*c*), (*b*). (2) (*a*), (*f*), (*d*).
(B) (1) Desejo que se divirtam. (2) Divirtam-se! (3) Ele disse que desejava que eles se divertissem. (4) Estou certo de que eles se divertirão se forem à festa. (5) Estou certo de que eles se divertiriam se fossem à festa.
8.5 (A) (2) (6) (5) (8) (1) (3) (7) (4).
(B) . . . pede . . . sabe . . . conhece . . . sabe . . . Pergunta.
8.6 (A) (1) Sim, ainda havia lugares à sombra quando a primeira pessoa comprou bilhetes. (2) Sim, a segunda pessoa teria comprado bilhetes se ainda houvesse lugares à sombra.
(B) (1) Sim, a pessoa iria bem, se estivesse no outro lado da Avenida. (2) Sim, uma pessoa com um número par iria bem, se estivesse no lado norte da Avenida.
8.7 (1) Lisa disse que talvez comprasse bilhete para um camarote. (2) Bob pediu que lhe dessem cinco lugares . . .

(3) Tony esperava que ainda houvesse lugares . . . (4) Ann queria um bilhete. Comprá-lo-ia só se fosse . . . (5) Lee disse que ia comprar três bilhetes . . . (6) June e Mary disseram que iam comprar bilhetes mas só se fossem . . .

Unidade 9

9.1 certo (1) (2) (4), errado (3).
9.2 (1) (*b*). (2) (*c*). (3) (*b*). (4) (*c*).
9.3 Estou aqui em visita de negócios. Escolhi este hotel principalmente por causa dos salões para reuniões, da agência de viagem, do salão para coquetéis e da sauna e fisioterapia. Estou muito satisfeito. Ao voltar, ficarei aqui outra vez.
9.4 (A) (1) (*b*), (*c*), (*a*). (2) (*b*), (*d*), (*a*), (*c*).
(B) A pessoa que escreveu as cartas pediu que lhe mandassem informação para visitantes e pediu que lhe reservassem um quarto.
9.5 (A) (1) D. (2) C. (3) E. (4) B. (5) A.
(B) (1) Não, penso que não é a melhor. (2) Sim, acho que tem razão.
9.6 (A) (1) A pessoa que disse que patinar no gelo é o seu passatempo predilecto pertence ao grupo que diz PATINAGEM. (2) A pessoa que disse que adora ir a discotecas e a bailes pertence ao grupo que diz DANÇAR. (3) A pessoa que disse que detesta fazer o jantar todos os dias mas adora experimentar pratos novos pertence ao grupo que diz COZINHAR. (4) A pessoa que disse que crê que escalar montanhas é bom para a saúde pertence ao grupo que diz ALPINISMO. (5) A pessoa que disse que joga basquetebol há seis meses, que não joga bem mas vem a melhorar, pertence ao grupo que diz JOGOS DE BOLA. (6) A pessoa que disse que começou a jogar voleibol porque sentia falta de um desporto e agora pratica duas horas por dia, pertence ao grupo que diz JOGOS DE BOLA.
(B) (1) O passatempo com mais adeptos é NATAÇÃO. (2) O passatempo com menos adeptos é ALPINISMO. (3) O ter-

ceiro passatempo com mais adeptos é LER. (4) O número de pessoas que preferem JARDINAGEM é superior ao das que preferem PATINAGEM. (5) Não, não concordaria consigo/ com você/ com o senhor/ etc., se dissesse que COZINHAR é o passatempo mais popular de todos.
9.7 (A) (1) Não, (ele) pensa que transmitem poucos. (2) Não, (ele) acha que algumas das telenovelas são interessantes. (3) Não, tem publicidade demais. (4) (Ele) diz que incluem poucas notícias do País e muitas do Estrangeiro.
(B) (1) Seria boa ideia fazerem mais programas culturais. (2) Os filmes de sexo e violência deveriam ser transmitidos depois de as crianças irem para a cama. (3) Apesar de serem bons, os programas de música podiam ser melhores.

Unidade 10

10.1 (1) (*c*). (2) (*c*). (3) (*c*). (4) (*b*).
10.2 (1) À ordem de Fernando Costa Machado. (2) A quantia de sessenta mil escudos/sessenta contos. (3) Em Lisboa. (4) Falta o ano na data.
10.3 (A) (1) Se (eu) quisesse comprar um apartamento, o apartamento que me poderia interessar é o (ii). (2) O apartamento que tem cinco assoalhadas é o que se vende. (3) Penso que sim. O anúncio (ii) pertence ao apartamento da página 123.
(B) Respondo ao vosso anúncio número 2703 de 24 deste mês.
Estou interessada em comprar um apartamento e esse talvez me convenha. Agradeço que me digam quando o poderei ver. A minha morada e o número do meu telefone são os seguintes: . . .
10.4 (A) (1) Tenho um curso de correspondente em línguas estrangeiras. (2) Tenho . . . (3) Fiz . . . (4) Escrevo . . . (5) Tenho . . . (6) Trabalho . . .
(B) (1) Neste escritório trabalho em regime de tempo parcial e gostaria de trabalhar em regime de tempo inteiro. (2) Ganho pouco. Gostaria de ter um vencimento melhor.

10.5 (1.1) Ana Maria Pereira Magalhães Gama. (1.2) Pai — Álvaro José Santos Magalhães. Mãe — Maria Margarida Ventura Pereira Magalhães. (1.3) 23 de Junho de (30 years back to the year we are in). (1.4) Faro. (1.5) portuguesa. (1.6) casada. (1.7) Coimbra. (1.8) 8170771. (2.1) Escola Bom Sucesso. (2.2) Liceu Lusíadas. (2.3) Faculdade de Medicina da Universidade de Lisboa. (2.4) Nenhum curso. (3.1) Clínica Boa Saúde. (3.2) Nenhuns. (4.1) Associação dos Médicos. (4.2) Nenhuns.

10.6 (1) Sim, penso que seja aconselhá-vel. (2) Acho que sim. (3) Penso que é boa ideia. (4) Concordo. (5) Não, não me parece.

10.7 (A) (*a*) ask (for). (*b*) tell. (*c*) learned. (*d*) look (for) (after). (*e*) on, off. (B) (*a*) casa. (*b*) tempo. (*c*) perdeu. (*d*) tratar. (*e*) deve. (*f*) serve. (*g*) faltam. (*h*) conhece. (*i*) sabe. (*j*) fica.

10.8 The puppy stole the marmalade. Johnny took the lid off the jar. Piloto knocked the jar off the shelf and ate the contents. Sr. Olavo placed the jar back on the shelf.

Appendix A

Regular Verbs (endings only)

Infin.	Present Indicative	Preterite	Imperfect Indicative	Pluperfect (Synthetic)	Future Indicative	Conditional
-ar	-o	-ei	-ava	-ara	-arei	-aria
	-as	-aste	-avas	-aras	-arás	-arias
	-a	-ou	-ava	-ara	-ará	-aria
	-a	-ou	-ava	-ara	-ará	-aria
	-amos	-ámos	-ávamos	-áramos	-aremos	-aríamos
	(-ais)	(-astes)	(-áveis)	(-áreis)	(-areis)	(-aríeis)
	-am	-aram	-avam	-aram	-arão	-ariam
	-am	-aram	-avam	-aram	-arão	-ariam
-er	-o	-i	-ia	-era	-erei	-eria
	-es	-este	-ias	-eras	-erás	-erias
	-e	-eu	-ia	-era	-erá	-eria
	-e	-eu	-ia	-era	-erá	-eria
	-emos	-emos	-íamos	-êramos	-eremos	-eríamos
	(-eis)	(-estes)	(-íeis)	(-êreis)	(-ereis)	(-eríeis)
	-em	-eram	-iam	-eram	-erão	-eriam
	-em	-eram	-iam	-eram	-erão	-eriam
-ir	-o	-i	-ia	-ira	-irei	-iria
	-es	-iste	-ias	-iras	-irás	-irias
	-e	-iu	-ia	-ira	-irá	-iria
	-e	-iu	-ia	-ira	-irá	-iria
	-imos	-imos	-íamos	-íramos	-iremos	-iríamos
	(-is)	(-istes)	(-íeis)	(-íreis)	(-ireis)	(-iríeis)
	-em	-iram	-iam	-iram	-irão	-iriam
	-em	-iram	-iam	-iram	-irão	-iriam

Infin.	Imperative	Present Subjunctive	Imperfect Subjunctive	Future Subjunctive	Inflected Infinitive	Gerund	Past Participle
-ar	—	-e	-asse	-ar	-ar	-ando	-ado
	-a	-es	-asses	-ares	-ares		
	-e	-e	-asse	-ar	-ar		
	—	-e	-asse	-ar	-ar		
	-emos	-emos	-ássemos	-armos	-armos		
	(-ai)	(-eis)	(-ásseis)	(-ardes)	(-ardes)		
	-em	-em	-assem	-arem	-arem		
	—	-em	-assem	-arem	-arem		
-er	—	-a	-esse	-er	-er	-endo	-ido
	-e	-as	-esses	-eres	-eres		
	-a	-a	-esse	-er	-er		
	—	-a	-esse	-er	-er		
	-amos	-amos	-êssemos	-ermos	-ermos		
	(-ei)	(-ais)	(-êsseis)	(-erdes)	(-erdes)		
	-am	-am	-essem	-erem	-erem		
	—	-am	-essem	-erem	-erem		
-ir	—	-a	-isse	-ir	-ir	-indo	-ido
	-e	-as	-isses	-ires	-ires		
	-a	-a	-isse	-ir	-ir		
	—	-a	-isse	-ir	-ir		
	-amos	-amos	-íssemos	-irmos	-irmos		
	(-i)	(-ais)	(-ísseis)	(-irdes)	(-irdes)		
	-am	-am	-issem	-irem	-irem		
	—	-am	-issem	-irem	-irem		

Note: The verbal form corresponding to vós is entered in brackets throughout the Appendices in view of its limited use.

Appendix B

Special Verbs

(i) *Orthography-changing verbs:* those which change their spelling in order to preserve the same pronunciation:

> Conhece o Rio? Sim, conheço. *Do you know Rio? Yes, I do* (verb **conhecer**).

(ii) *Radical-changing verbs:* those which change their stem vowel under certain conditions, as, for example, when the stress falls on the stem or through the influence of a nearby vowel:

> Prefere chá ou café? Prefiro chá. *Do you prefer tea or coffee? I prefer tea* (verb **preferir**).

The change may not be shown in spelling but only in the quality of the vowel sound:

> Come carne? Não, não como; Sou vegetariano. *Do you eat meat? No. I do not; I am a vegetarian* (verb **comer**).

(iii) *Irregular verbs:* those which do not conform to the model endings for the three conjugations:

> Onde é o hotel? *Where is the hotel?* (verb **ser**).
> **Vou** amanhã. *I am going tomorrow* (verb **ir**).

One single verb may display features from more than one group above ((i)/(ii)/(iii)):

> Quando eu **segu**ia pela estrada. *When I was going along the road.*
> **Siga** até à esquina. *Go as far as the corner* (verb **seguir** (i) + (ii)).

Note: The Personal Infinitive is always regular.

(i) *Orthography-changing verbs*

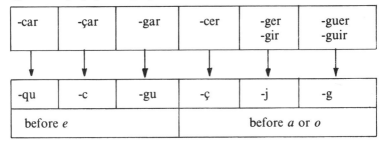

-car	-çar	-gar	-cer	-ger -gir	-guer -guir
-qu	-c	-gu	-ç	-j	-g
before *e*			before *a* or *o*		

ficar (*to stay*)	fiquei; fique
conhecer (*to know*)	conheço; conheças
dirigir (*to drive*)	dirijo; dirija
seguir (*to follow, to go*)	sigo; sigam

(ii)   *Radical-changing verbs*

Variations in the quality of the stem vowel are not always registered in the spelling:

(Revise vowel sounds in *Pronunciation Guide*, pp. 5–9)

falar (*to speak*)

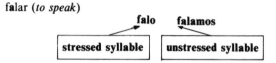

falo	**falamos**
stressed syllable	**unstressed syllable**

Also:

e → i	Present Indicative (1st person)
	Present Subjunctive
o → u	Imperative forms from Pres. Subj.
u → o	Present Indicative (**tu, você(s), ele(s)** forms)
	Imperative (**tu** form)

repetir (*to repeat, to say/do again*)
Pres. Ind.: repito, repetes, etc.
Pres. Subj.: repita, repitas, repita, repitamos, (repitais), repitam.
Imperative: repita; repitam.

dormir (*to sleep*)
Pres. Ind.: durmo, dormes, etc.
Pres. Subj.: durma, durmas, durma, durmamos, (durmais), durmam.
Imperative: durma; durmam.

subir (*to climb, to go/come up*)
Pres. Ind.: subo, sobes, sobe, subimos, (subis), sobem
Imperative: sobe. (tu)

(iii) *Irregular Verbs*

Infinitive	Present Indicative	Preterite	Imperfect Indicative	Pluperfect (Synthetic)	Future Indicative
crer *to believe*	creio crês crê cremos (credes) crêem	*Regular*	*Regular*	*Regular*	*Regular*
dar *to give*	dou dás dá damos (dais) dão	dei deste deu demos (destes) deram	*Regular*	dera deras dera déramos (déreis) deram	*Regular*
dizer *to say*	digo dizes diz dizemos (dizeis) dizem	disse disseste disse dissemos (dissestes) disseram	*Regular*	dissera disseras dissera disséramos (disséreis) disseram	direi dirás dirá diremos (direis) dirão
estar *to be*	estou estás está estamos (estais) estão	estive estiveste esteve estivemos (estivestes) estiveram	*Regular*	estivera estiveras estivera estivéramos (estivéreis) estiveram	*Regular*
fazer *to do, make*	faço fazes faz fazemos (fazeis) fazem	fiz fizeste fez fizemos (fizestes) fizeram	*Regular*	fizera fizeras· fizera fizéramos (fizéreis) fizeram	farei farás fará faremos (fareis) farão
haver *to exist, have*	hei hás há havemos (haveis) hão	houve houveste houve houvemos (houvestes) houveram	*Regular*	houvera houveras houvera houvéramos (houvéreis) houveram	*Regular*
ir *to go*	vou vais vai vamos (ides) vão	fui foste foi fomos (fostes) foram	*Regular* (ia, etc.)	fora foras fora fôramos (fôreis) foram	*Regular*

Conditional	Imperative	Present Subjunctive	Imperfect Subjunctive	Future Subjunctive	Participles
Regular	— crê creia creiamos (crede) creiam	creia creias creia creiamos (creiais) creiam	Regular	Regular	Pres. crendo Past crido
Regular	— dá dê dêmos (dai) dêem	dê dês dê dêmos (deis) dêem	desse desses desse déssemos (désseis) dessem	der deres der dermos (derdes) derem	Pres. dando Past dado
diria dirias diria diríamos (diríeis) diriam	— diz(e) diga digamos (dizei) digam	diga digas diga digamos (digais) digam	dissesse dissesses dissesse disséssemos (dissésseis) dissessem	disser disseres disser dissermos (disserdes) disserem	Pres. dizendo Past dito
Regular	— está esteja estejamos (estai) estejam	esteja estejas esteja estejamos (estejais) estejam	estivesse estivesses estivesse estivéssemos (estivésseis) estivessem	estiver estiveres estiver estivermos (estiverdes) estiverem	Pres. estando Past estado
faria farias faria faríamos (faríeis) fariam	— faz(e) (faça) façamos (fazei) façam	faça faças faça façamos (façais) façam	fizesse fizesses fizesse fizéssemos (fizésseis) fizessem	fizer fizeres fizer fizermos (fizerdes) fizerem	Pres. fazendo Past feito
Regular	— há haja hajamos (havei) hajam	haja hajas haja hajamos (hajais) hajam	houvesse houvesses houvesse houvéssemos (houvésseis) houvessem	houver houveres houver houvermos (houverdes) houverem	Pres. havendo Past havido
Regular	— vai vá vamos (ide) vão	vá vás vá vamos (vades) vão	fosse fosses fosse fôssemos (fôsseis) fossem	for fores for formos (fordes) forem	Pres. indo Past ido

Infinitive	Present Indicative	Preterite	Imperfect Indicative	Pluperfect (Synthetic)	Future Indicative
ler to read	leio lês lê lemos (ledes) lêem	Regular	Regular	Regular	Regular
ouvir to hear	ouço ouves ouve ouvimos (ouvis) ouvem	Regular	Regular	Regular	Regular
pedir to ask for	peço pedes pede pedimos (pedis) pedem	Regular	Regular	Regular	Regular
perder to lose	perco perdes perde perdemos (perdeis) perdem	Regular	Regular	Regular	Regular
poder (can, may)	posso podes pode podemos (podeis) podem	pude pudeste pôde pudemos (pudestes) puderam	Regular	pudera puderas pudera pudéramos (pudéreis) puderam	Regular
pôr (to put)	ponho pões põe pomos (pondes) põem	pus puseste pôs pusemos (pusestes) puseram	punha punhas punha púnhamos (púnheis) punham	pusera puseras pusera puséramos (puséreis) puseram	Regular (no accent ˆ)
querer (to want)	quero queres quer queremos (quereis) querem	quis quiseste quis quisemos (quisestes) quiseram	Regular	quisera quiseras quisera quiséramos (quiséreis) quiseram	Regular

Conditional	Imperative	Present Subjunctive	Imperfect Subjunctive	Future Subjunctive	Participles
Regular	— lê leia leiamos (lede) leiam	leia leias leia leiamos (leiais) leiam	Regular	Regular	*Pres.* lendo *Past* lido
Regular	— ouve ouça ouçamos (ouvi) ouçam	ouça ouças ouça ouçamos (ouçais) ouçam	Regular	Regular	*Pres.* ouvindo *Past* ouvido
Regular	— pede peça peçamos (pedi) peçam	peça peças peça peçamos (peçais) peçam	Regular	Regular	*Pres.* pedindo *Past* pedido
Regular	— perde perca percamos (perdei) percam	perca percas perca percamos (percais) percam	Regular	Regular	*Pres.* perdendo *Past* perdido
Regular	— pode possa possamos (podei) possam	possa possas possa possamos (possais) possam	pudesse pudesses pudesse pudéssemos (pudésseis) pudessem	puder puderes puder pudermos (puderdes) puderem	*Pres.* podendo *Past* podido
Regular (no accent ˆ)	— põe ponha ponhamos (ponde) ponham	ponha ponhas ponha ponhamos (ponhais) ponham	pusesse pusesses pusesse puséssemos (pusésseis) pusessem	puser puseres puser pusermos (puserdes) puserem	*Pres.* pondo *Past* posto
Regular	— quer(e) queira queiramos (querei) queiram	queira queiras queira queiramos (querais) queiram	quisesse quisesses quisesse quiséssemos (quisésseis) quisessem	quiser quiseres quiser quisermos (quiserdes) quiserem	*Pres.* querendo *Past* querido

Infinitive	*Present Indicative*	*Preterite*	*Imperfect Indicative*	*Pluperfect*	*Future Indicative*
saber (*to know*)	sei sabes sabe sabemos (sabeis) sabem	soube soubeste soube soubemos (soubestes) souberam	*Regular*	soubera souberas soubera soubéramos (soubéreis) souberam	*Regular*
ser (*to be*)	sou és é somos (sois) são	fui foste foi fomos (fostes) foram	era eras era éramos (éreis) eram	fora foras fora fôramos (fôreis) foram	*Regular*
ter (*to have*)	tenho tens tem temos (tendes) têm	tive tiveste teve tivemos (tivestes) tiveram	tinha tinhas tinha tínhamos (tínheis) tinham	tivera tiveras tivera tivéramos (tivéreis) tiveram	*Regular*
trazer (*to bring*)	trago trazes traz trazemos (trazeis) trazem	trouxe trouxeste trouxe trouxemos (trouxestes) trouxeram	*Regular*	touxera touxeras trouxera trouxéramos (trouxéreis) trouxeram	trarei trarás trará traremos (trareis) trarão
ver (*to see*)	vejo vês vê vemos (vedes) vêem	vi viste viu vimos (vistes) viram	*Regular*	vira viras vira víramos (víreis) viram	*Regular*
vir (*to come*)	venho vens vem vimos (vindes) vêm	vim vieste veio viemos (viestes) vieram	vinha vinhas vinha vinhamos (vinheis) vinham	viera vieras viera viéramos (viéreis) vieram	*Regular*

Conditional	Imperative	Present Subjunctive	Imperfect Subjunctive	Future Subjunctive	Participles
Regular	— sabe saiba saibamos (sabei) saibam	saiba saibas saiba saibamos (saibais) saibam	soubesse soubesses soubesse soubéssemos (soubésseis) soubessem	souber souberes souber soubermos (souberdes) souberem	*Pres.* sabendo *Past* sabido
Regular	— sê seja sejamos (sede) sejam	seja sejas seja sejamos (sejais) sejam	fosse fosses fosse fôssemos (fôsseis) fossem	for fores for formos (fordes) forem	*Pres.* sendo *Past* sido
Regular	— tem tenha tenhamos (tende) tenham	tenha tenhas tenha tenhamos (tenhais) tenham	tivesse tivesses tivesse tivéssemos (tivésseis) tivessem	tiver tiveres tiver tivermos (tiverdes) tiverem	*Pres.* tendo *Past* tido
traria trarias traria traríamos (traríeis) trariam	— traz(e) traga tragamos (trazei) tragam	traga tragas traga tragamos (tragais) tragam	trouxesse trouxesses trouxesse trouxéssemos (trouxésseis) trouxessem	trouxer trouxeres trouxer trouxermos (trouxerdes) trouxerem	*Pres.* trazendo *Past* trazido
Regular	— vê veja vejamos (vede) vejam	veja vejas veja vejamos (vejais) vejam	visse visses visse víssemos (vísseis) vissem	vir vires vir virmos (virdes) virem	*Pres.* vendo *Past* visto
Regular	— vem venha venhamos (vinde) venham	venha venhas venha venhamos (venhais) venham	viesse viesses viesse viéssemos (viésseis) viessem	vier vieres vier viermos (vierdes) vierem	*Pres.* vindo *Past* vindo

Compounds of special verbs normally exhibit the same features as the single verbs.

		from
(i)	conseguir (*to achieve*)	seguir
	reconhecer (*to recognise*)	conhecer
(ii)	conseguir (*to achieve*)	seguir
	consentir (*to consent*)	sentir
	descobrir (*to discover, to uncover*)	cobrir
	preferir (*to prefer*)	ferir
	referir (*to mention*)	ferir
(iii)	compor (*to compose, to arrange together*)	pôr
	condizer (*to match*)	dizer
	contradizer (*to contradict*)	dizer
	convir (*to suit, to be convenient*)	vir
	desfazer (*to undo*)	fazer
	conter (*to contain*)	ter
	satisfazer (*to satisfy*)	fazer
	supor (*to assume*)	pôr

Irregular Past participles

abrir (*to open*)	aberto
aceitar (*to accept*) aceitado	aceito *or* aceite
acender (*to light*) acendido	aceso
escrever (*to write*)	escrito
ganhar (*to earn/win*)	ganho
gastar (*to spend*)	gasto
pagar (*to pay*)	pago

When a regular and an irregular form are available, the latter is used as an adjective, and the former in compound perfect tenses.

Tinha **acendido** a luz. A luz estava **acesa**. *I had switched the light on. The light was on.*

Portuguese–English Vocabulary

(Brazilianisms are followed by the signs (Br.))

a   *the* (f); *you* (f); *her, it; at, to*
à (= a + a)
abaixo   *below*
aberto   *open*
abertura (f)   *opening*; horas de
   abertura   *opening hours*
abril (m)   *April*
abrir   *to open*
acabar   *to finish, be over*
acampar   *to camp*
aceitar   *to accept*
acender   *to light* (fire); *to turn on*
aceso   *on* (alight)
achar   *to find; to think*; que tal
   acha. . ?   *what do you think
   of . . .?*
acidente (m)   *accident*
acima   *above*
acompanhar   *to accompany*
aconselhável   *advisable*
acontecer   *to happen*
acordo (m)   *agreement*; de acordo
   com   *according to*
açoriano   *from the Azores, Azorian*
açougue (m) (Br)   *butcher's*
actual   *present*
açúcar (m)   *sugar*
adepto (m)   *follower, 'fan'*
adeus   *goodbye*
adiantado   *early; fast (time)*
adoecer   *to fall ill*
adorar   *to adore, love*
adulto (m)   *adult*
aeromoça (f) (Br)   *air stewardess*
aeroporto (m)   *airport*
afastar   *to move away*
agora   *now*
agosto (m)   *August*
agradável   *pleasing, pleasant*
agradecer   *to thank*
água (f)   *water*; água mineral   *mineral
   water*; água potável   *drinking water*;
   água tónica, tônica (Br)   *tonic water*

aguardar   *to await*
agudo   *sharp*
aí   *there*
ainda   *still*; ainda não   *not yet*
ajudar   *to help*
álcool (m)   *alcohol*
aldeia (f)   *village*; aldeia de
   campistas   *camping/caravanning
   complex*
alface (f)   *lettuce*
alfândega (f)   *Customs*
algodão (m)   *cotton*
algum   *some, any*
ali   *there*
alimentação (f)   *food*
alimento (m)   *foodstuff*
almoçar   *to have lunch*
almoço (m)   *lunch*; pequeno
   almoço   *breakfast*
almofada (f)   *pillow, cushion*
altitude (f)   *altitude*
alto   *high; tall*
alugar   *to hire, rent, let*
aluguel (Br) aluguer (m)   *rental*
alvorada (f)   *dawn*
amanhã   *tomorrow*
amar   *to love*
amarelo   *yellow*
amável   *kind, polite*
ambos   *both*
ambulância (f)   *ambulance*
americano   *from America, American*
amigo (m)   *friend*
amor (m)   *love*
andar   *to walk, move along*
andar (m)   *floor* (level); andar térreo
   ground floor
anel de noivado (m)   *engagement ring*
angolano   *from Angola, Angolan*
animal (m)   *animal*
aniversário (m)   *birthday*; aniversário
   de casamento   *anniversary*
ano (m)   *year*; fazer anos   *to have a*

birthday; ter—anos *to be—years old*;
Ano Novo *New Year*
antecedência (f): com antecedência *in advance*
anterior *former*
antes *before*
antigo *ancient, former, old*
anúncio (m) *advertisement*
ao (= a + o)
apagar *to put out (fire); to switch off (light); to erase*
aparar *to trim*
aparelho (m): aparelho digestivo *digestive system*; aparelho de rádio *radio set*
apartamento (m) *apartment*
apelido (m) *surname*
aperitivo (m) *appetizer*
apertado *tight*
apertar *to fasten*
após *after, upon*
aposentado *retired*
aprender *to learn*
apresentar *to introduce*
aproximadamente *approximately*
aproximar *to draw near*
aquele *that, that one* (m)
aqui *here*
aquilo *that*
ar (m) *air*; ar condicionado *air conditioning*
área (f) *area*
armário (m) *cupboard*
armazém (m) *store*
artigo (m): artigos regionais *regional craft*
ascensor (m) *elevator, lift*
assinar *to sign*
assinatura (f) *signature*
até *until, up to, as far as*
atender a *to see to, attend to*
atrás *behind*
atrasado *late; slow (time)*
atravessar *to cross (over)*
atual (Br) *present*
aula (f) *class lesson*
auscultador (m) *receiver (telephone)*
australiano *from Australia, Australian*
autocarro (m) *bus*
auto-estrada (f) *motorway, expressway*

autolocadora (f) *car rental agency*
automóvel (m) *automobile, car*
avariado *out of order*
ave (f) *bird*; aves *poultry (menu)*
avenida (f) *boulevard*
avião (m) *aeroplane, aircraft*
avô (m) *grandfather*
azul *blue*

bagagem (f) *baggage*; bagagem de mão *hand baggage*
baile (m) *dance*
baixo *low; short, small (people)*; em baixo *below*; lá em baixo *downstairs, at the bottom*; em baixo de *underneath*
banca de jornais (f) (Br) *newspaper stand*
bancada (f) *row of seats (outdoor event), viewing stand*
banco (m) *bank; bench; casualty department (hospital)*
banheira (f) *bathtub*
banheiro (m) (Br) *bathroom; toilet*
banho (m) *bath*
bar (m) *bar*
barato *cheap, inexpensive*
barba (f) *beard*; fazer a barba *to have a shave*
barbeiro (m) *barber*
barco (m) *boat*
barro (m) *earthenware*
barulho (m) *noise*
bastante *enough*
batata (f) *potato*; (batatas) fritas *chips, crisps*
baunilha (f) *vanilla*
bebé; bebê (Br) (m/f) *baby*
beber *to drink*
bebida (f) *drink, beverage*
belo *beautiful*
bem *well; thoroughly; properly, quite*; está bem *all right!, O.K.!*
biblioteca (f) *library*
bicha (f) *queue*
bife (m) *steak*
bilhete (m) *ticket*; bilhete de ida *one-way ticket*; bilhete de ida e volta *return ticket*; bilhete de identidade *identity card*; bilhete postal *postcard*

bilheteira, bilheteria (Br) (f) *ticket office*
bisnaga (f) *tube*
blusa (f) *blouse*
boa *good* (f)
bocadinho (m) *small bit*
boião (m) *jar*
boletim meteorológico (m) *weather report*
bolo (m) *cake*
bolsa (f) *handbag, purse*
bom *good* (m)
bomba (f) *pump*
bombeiro (m) *fireman*; bombeiros *fire brigade*
bonde (m) (Br) *tram*
bonito *pretty; handsome*
botão (m) *button; knob*
brande (m) *brandy*
branco *white*
brasileiro *from Brazil, Brazilian*
brinquedo (m) *toy*
britânico *from Britain, British*
buate (f) *night club*
buscar *to seek*; ir/vir buscar *to collect*

cá *here*
cabeleireiro (m) *hairdresser*
cabelo (m) *hair*
caboverdiano *from Cape Verde, Cape Verdian*
caça (f) *game; shooting*; caça submarina *scuba diving*
cachorro (m) *puppy*; (Br) *small dog*
cacifo (m) *baggage locker*
cadeira (f) *chair*
café (m) *coffee; café*; café da manhã (Br) *breakfast*
cair *to fall, fall over*
cais (m) *quay; platform*
caixa (f) *box; cash desk; till; check-out*; caixa postal (Br) *postbox*
calça (f) *trousers*
calçado (m) *footwear*; loja de calçados (f) (Br) *shoe shop*
calção de banho (m) *swimming trunks*
calçar *to put on (shoes, gloves)*
calmo *calm*
calor (m) *heat*

cama (f) *bed*; cama dupla/de casal *double bed*; cama individual/de solteiro/de pessoa só *single bed*
câmara municipal (f) *town-hall*
cambiar *to exchange (currency)*
câmbio (m) *foreign exchange*
caminhão (m) *truck, lorry*
caminho (m) *way, route*
camioneta (f) *light truck; coach*
camisa (f) *shirt*
campismo (m) *camping*; parque de campismo (m) *camping/caravanning site*
campo (m) *field; countryside*
canadense *from Canada, Canadian*
caneta (f) *pen*
cansado *tired*
canto (m) *corner (inside of angle)*
capital (f) *capital city*
caravana (f) *caravan*
cardápio (m) (Br) *menu card*
carnaval (m) *carnival*
carne (f) *meat*
caro *dear, expensive*
carro (m) *car*; de carro *by car*; carro-cama (m) *camping van*
carroceria (f) *car body*
carta (f) *letter*; carta de condução *driving licence*
cartão (m) *card*; cartão de crédito *credit card*; cartão de desembarque/embarque *landing/embarcation card*; cartão de visita *visiting card*; cartão postal (Br) *postcard*
carteira (f) *wallet; small handbag*; carteira de motorista (Br) *driving licence*; carteira de identidade (Br) *identity card*
casa (f) *house; home; room*; em casa *at home*; casa de banho *bathroom; toilet*
casaco (m) *coat*
casado *married*
casal (m) *couple*
casamento (m) *marriage, wedding*
casar-se *to get married*
caso (m) *case*; em caso de *in case of*
castanho *brown*
castelo (m) *castle*

católico *Roman Catholic*
catorze *fourteen*
causa (f) *cause*; por causa de *because*
cavalheiro (m) *gentleman*
cedo *early*
cem *a hundred*
centavo (m) *cent*
cento (m) *a hundred*; por cento *percent*
central *central*
centro (m) *centre*; centro comercial *shopping centre*
cereal (m) *cereal*
certo *right*
cerveja (f) *beer*
chá (m) *tea*
chamar *to call; to send for*
chamar-se *to be called*
champô (m) *shampoo*
chão (m) *floor*
chapa (f) *plate; disc*
chave (f) *key*; fechar à chave *to lock*
chávena (f) *cup*
chega! *enough!*
chegada (f) *arrival*
chegar *to arrive*; chegar bem *to arrive safely*
cheio *full, complete*
cheque (m) *cheque*; cheque de viagem *traveller's cheque*
chícara (f) *cup*
chocolate (m) *chocolate*
chorar *to cry, weep*
chuva (f) *rain*
chuveiro (m) *shower (wash)*
cidade (f) *town, city*
cima: em cima *above*; lá em cima *upstairs, at the top*; em cima de *on top of*; por cima de *over*
cimo (m) *top*
cinco *five*
cinema (m) *cinema*
cinquenta, cinqüenta (Br) *fifty*
cinto (m) *belt*
cinza (Br) *grey*
cinzento *grey*
circular (f) *circular road*
clara (f) *egg-white*
claro *light (luminosity)*
clima (m) *climate*

clube (m) *club*
cobertor (m) *blanket*
cobrar *to cash*
cobrir *to cover*
coisa (f) *thing*; alguma coisa *something*
colcha (f) *bedspread*
colher (f) *spoon*
colocar *to place*
com *with*
comboio (m) *train*
combustível (m) *fuel*
começar *to start, begin*
começo (m) *start, beginning*
comer *to eat*
comerciante (m/f) *business-person*
comida (f) *food*
comigo *with me*
como *how; like; as*
companhia (f) *company*
comparecer *to attend (function, etc.)*
completo *complete*
compra (f) *purchase*; ir às compras *to go shopping*
comprar *to buy*
compreender *to understand*
compreensão (f) *understanding; comprehension*
comprido *long*; ao comprido *lengthways*
comprimento (m) *length*
computador (m) *computer*
concordar *to agree*
conduzir *to drive*
conhecer *to know; to meet for the first time*
conhecido (m) *acquaintance*
connosco, conosco (Br) *with us*
consecutivo *consecutive*
consertar *to repair, mend*
consistir em *to consist of*
constipação (f) *cold (health condition)*
constipado *with a cold*; estar constipado *to have a cold*
consulado (m) *consulate*
consulta (f) *consultation, appointment*
consultório (m) *surgery*
conta (f) *sum; bill; account*
contar *to count; to narrate, tell*; a contar de *counting from*

contente *happy, pleased*
contínuo *continuous*
conto (m) *a thousand* escudos
contra *against*
controlo (m) *control*
conversação, conversa (f) *conversation*
convidar *to invite*
convir *to suit, be convenient*
convite (m) *invitation*
copo (m) *glass, cup*
cor (f) *colour*
corredor (m) *corridor*
correio (m) *post-office; mail*; pelo correio *by post*
correr *to run*
correspondência (f) *correspondence, mail*
corrigir *to correct*
cortar *to cut*
cortiça (f) *cork*
costa (f) *coast, coastline*
costumar *to use to*
couro (m) *leather*
cozer *to boil, cook*
cozinha (f) *kitchen*
creme de barbear (m) *shaving cream*
crer *to believe*
criança (f) *child*
cruzado (m) *unit of Brazilian currency*
cruzamento (m) *crossroads, junction*
cruzar *to cross*
cuidado (m) *care*; cuidado! *watch out!*
cujo *of which*
cumprimentos (m) *regards*
curso (m) *course, course of studies*; ter um curso de . . . *to have studied . . .*
curto *short (length or duration)*
custar *to cost*

da (= de + a)
dali (= de + ali)
daquele (= de + aquele)
daqui (= de + aqui)
daquilo (= de + aquilo)
dar *to give*; dar para *to look on to*
data (f) *date*
de *of; from; by*
décimo *tenth*
declarar *to declare, say*
deitar-se *to lie down; to go to bed*

deixar *to allow*
deixar (ficar) *to leave behind*
dela (= de + ela)
dele (= de + ele)
delegacia de polícia (f) (Br) *police-station*
demais *too, too much*
demorar *to take time, delay*
dentista (m/f) *dentist*
dentro *inside*
depois *after, afterwards, then*
depositar *to put in, deposit*
depósito (m) *deposit*
depressa *quickly*; depressa! *hurry!*
desastre (m) *accident*
descalçar *to take off (shoes, gloves)*
descansar *to rest*
descascar *to remove shell or peel*
descer *to go/come down*
descobrir *to discover*
desculpe *sorry; excuse me*
desde *since*
desejar *to desire, wish*
desfile (m) *parade*
desligar *to disconnect*
desodorizante (m) *deodorant*
despir *to take (clothes) off*
despir-se *to get undressed*
desporto (m) *sport*
desquitado (Br) *separated (wedlock)*
deste (= de + este)
detestar *to dislike strongly, hate*
devagar *slowly*
dever *to owe; should, must, ought*
dez *ten*
dezasseis *sixteen*
dezassete *seventeen*
dezanove *nineteen*
dezembro (m) *December*
dezesseis (Br) *sixteen*
dezessete (Br) *seventeen*
dezenove (Br) *nineteen*
dezoito *eighteen*
dia (m) *day*; bom dia *good morning*; dia útil *working day*; dia de anos *birthday*
diálogo (m) *dialogue*
diária (f) *daily cost*
diário *daily*
dicionário (m) *dictionary*
diferente *different*

diga   *see* dizer
dinheiro (m)   *money, cash*
direita   *right*; à direita   *on/to the right*
direito   *right, straight*
direito de importação (m)   *import duty*
direção (Br) direcção (f)   *direction*
direto (Br) directo   *direct*
dirigir   *to direct*; (Br) *to drive*
discar   *to dial*
discoteca (f)   *disco dancing hall*
disse *see* dizer
disso (=de + isso)
disto (=de + isto)
distrito (m)   *Portuguese administrative
    division*; Distrito Federal   *Federal
    District*
divertir   *to amuse*
dividir   *to divide*
divisas (f)   *currency*
divorciado   *divorced*
diz   *see* dizer
dizer   *to say, inform, tell*; querer
    dizer   *to mean*
de (= de + o)
doce   *sweet*
doce (m)   *sweet, pudding*
documento (m)   *document*
doente   *ill*
doer   *to hurt*
dois   *two* (m)
domicílio (m)   *residence*
domingo (m)   *Sunday*
dona-de-casa (f)   *housewife*
dono (m)   *owner*
dor (f)   *pain, ache*
dormida (f) e pequeno-almoço
    (m)   *bed and breakfast*
dourado   *golden*
doze   *twelve*
duas   *two* (f)
ducha (f) (Br) duche (m)   *shower (wash)*
duplo   *double*
durante   *for, during*
duzentos   *two hundred*
dúzia (f)   *dozen*; meia dúzia   *half a
    dozen*

e   *and*
é (*see* ser); é que   *it is that*
edifício (m)   *building*
efeito (m)   *effect*
ela   *she, it*

ele   *he, it*
eléctrico (m)   *tram*
elevador (m)   *elevator, lift*
em   *in, on, at*
embarcar   *to board*
ementa (f)   *menu card*
emergência (f)   *emergency*
emitir   *to issue*
empregado (m)   *employee, assistant*
emprego (m)   *employment, job*
empurrar   *to push*
encaracolado   *curly*
encerrar   *to close*
encher   *to fill*
encomenda (f)   *parcel*
encontrar   *to find, meet*
endereço (m)   *address*
engenheiro (m)   *engineer*
enorme   *huge*
enquanto   *while, whilst*
então   *then*
entender   *to catch (understand)*
entrada (f)   *way in, hallway, entrance*
entrar   *to enter, go/come in*
entre   *between, among (see also
    entrar)*
entregar   *to hand in/over*
envelope (m)   *envelope*
enviar   *to send*
equitação (f)   *horse-riding*
errado   *wrong, incorrect*
erro (m)   *error, mistake*
escada (f)   *stairs*; escada
    rolante   *escalator*
escocês   *from Scotland, Scottish*
escola (f)   *school*
escolher   *to choose*
escrever   *to write*; como se
    escreve?   *how do you spell it?*
escritório (m)   *office*
escudo (m)   *unit of Portuguese
    currency*
escuro   *dark*
escutar   *to listen to*
esferográfica (f)   *balltip pen*
esgotado   *sold out*
esperar   *to wait, expect, hope*
esporte (m)   (Br)   *sport*
esquadra de polícia (f)   *police-station*
esquerda   *left*; à esquerda   *on/to the
    left*
esqui (m)   *ski*

esquina (f) *corner (outside of angle)*
esse *that, that one* (m)
está (*see* estar); está bem/bom *it's all right, O.K.*
estação (f) *station; season;* estação de caminhos de ferro *railway station;* estação de camionetas *coach depot;* estação ferroviária (Br) *railway station;* estação rodoviária (Br) *coach depot*
estacionamento (m) *parking*
estacionar *to park, wait*
estada, estadia (f) *stay*
estádio (m) *stadium*
estado (m) *state*
estado civil (m) *marital status*
Estados Unidos (m) *United States*
estalagem (f) *inn*
estância de férias (f) *holiday resort*
estar *to be*
este *this, this one* (m)
este (m) *East*
estômago (m) *stomach*
estrada (f) *open road*
estrangeiro *foreign*
Estrangeiro (m) *Abroad*
estreito *narrow*
estudante (m/f) *student*
estudar *to study*
eu *I*
exactamente *exactly*
examinar *to examine*
exatamente (Br) *exactly*
excepto, exceto (Br) *except*
excursão (f) *excursion*
exercício (m) *exercise*
êxito (m) *success*
experimentar *to experiment, try*

faca (f) *knife*
faça (*see* fazer)
fácil *easy*
falar *to speak*
falecido *deceased*
falecimento (m) *bereavement*
faltar *to miss, be missing*
família (f) *family*
fantástico! *super!*
farmácia (f) *chemist's*
farol (m) *headlight (car); lighthouse*
fatia (f) *slice*

fato (m) *suit;* fato de banho *bathing-costume*
favor (m) *favour;* faz/faça/por favor *please, excuse me, please do, can I help you? (shop)*
faz (*see* fazer)
fazer *to do; to make*
fechar *to close, shut*
feito (*see* fazer)
felicidades (f) *all the best*
feliz *happy*
felizmente *fortunately*
feminino *female, feminine*
feriado (m) *bank holiday*
férias (f) *holidays, vacation*
ferir *to hurt, wound*
festa (f) *party, celebration*
fevereiro (m) *February*
fiambre (m) *ham*
fica (*see* ficar)
ficar *to be; to be situated; to stay;* ficar bem *to suit, be compatible;* ficar com *to keep*
ficha (f) *form card; token; phone card; printed card;* ficha de hospedagem *registration card (hotel)*
fila (f) *line, queue; row*
filé (m) (Br) *steak*
filha (f) *daughter*
filho (m) *son*
filigrana (f) *filigree*
fim (m) *end;* fim de semana *week-end*
finalidade (f) *purpose*
flor (f) *flower*
fluentemente *fluently*
fogo (m) *fire*
foi (*see* ser *and* ir)
fone (m) (Br) *receiver (telephone)*
fora *out, outside*
forma (f) *shape*
fotografia (f) *photograph; photography*
frasco (m) *bottle*
freguês (m) *customer*
frente (f) *front;* em frente *straight on/opposite*
frequentemente, freqüentemente (Br) *often*
frigorífico (m) *refrigerator*
frio *cold*
frio (m) *cold (temperature)*

fronteira (f) *frontier, border*
fruta (f) *fruit*
fui (*see* ser *and* ir)
fumar　*to smoke*
funcionar　*to work, function, operate*
funcionário público (m)　*civil servant*
fundo (m)　*bottom*
futebol (m)　*soccer*

galeria de arte (f)　*art gallery*
galês　*from Wales, Welsh*
ganhar　*to earn, win*
garagem (f)　*garage*
garfo (m)　*fork*
garrafa (f)　*bottle (beverage)*
gás (m)　*gas*; com gás　*fizzy*; sem
　gás　*still*
gasóleo (m)　*diesel*
gasolina (f)　*petrol*
geladeira (f) (Br)　*refrigerator*
gelado　*ice-cold*
gelado (m)　*ice-lolly, ice-cream*
gema (f)　*egg-yolk*
genebra (f)　*gin*
genro (m)　*son-in-law*
gente (f)　*people*; toda a gente　*every
　one*
gentil　*polite, courteous*
gerente (m/f)　*manager, manageress*
golfe (m)　*golf*
gordo　*fat*
gostar de　*to like*; gostar muito
　de . . .　*to like . . . very much*
governo (m)　*government*
grama (m)　*gram*
grande　*large, big*
grátis, gratuito　*gratis, free*
grau (m)　*degree*
grisalho　*grey (hair)*
grupo (m)　*group, party*
guarda-chuva (m)　*umbrella*
guardanapo (m)　*napkin*
guichê (m)　*serving hatch*
guineense　*from Guinea-Bissau*

há (*see* haver)
há　*for; ago; how long*
habitante (m)　*inhabitant*
habitualmente　*usually*
haver　*to exist; to have (auxiliary)*
hei de　*I will (see* haver)

hipermercado (m)　*hypermarket*
hoje　*today*
homem (m)　*man*
hora(s) (f)　*hour(s); o'clock;* meia
　(hora)　*half an hour, half past;* a que
　horas . . . ?　*at what time . . . ?* que
　horas são?　*what time is it?*
horário (m)　*timetable*
hospedado: estar hospedado　*to be
　staying*
hospedeira (de bordo) (f)　*air
　stewardess*
hospital (m)　*hospital*
hotel (m)　*hotel*
húmido　*humid, damp*

ida (f)　*trip, visit;* ida　*one-way
　(ticket)*
ida-e-volta　*return (ticket)*
idade (f)　*age*
ideia, idéia (Br) (f)　*idea*
ignorar　*not to know*
igreja (f)　*church*
igual a　*equal to; the same as*
igualmente　*equally; you too (equally
　to you)*
impedido　*engaged (telephone)*
importância (f)　*importance*; não tem
　importância　*not to worry, it's all
　right*
importante　*important; main*
imposto (m)　*tax*
impressão digital (f)　*finger-print*
impresso (m)　*printed paper, form*
incluir　*to include, enclose*
incomodar　*to inconvenience, disturb*
incómodo, incômodo
　(Br) (m)　*inconvenience*
indiano　*from India, Indian*
indigestão (f)　*indigestion*
indisposição (f)　*indisposition*
individual　*individual*
indivíduo (m)　*individual*
indústria (f)　*industry*
informação (f)　*information*
informar　*to inform; to report*
inglês　*from England, English*
inglês (m)　*English (language)*
inicial (f)　*initial*
instalações sanitárias (f)　*public
　conveniences*

instrução (f) *instruction*
interessado *interested*
interessante *interesting*
internacional *international*
introduzir *to insert*
inverno (m) *Winter*
ir *to go;* ir (-se) embora *to go away;*
ir bem *to be on the right road;*
ir para casa *to go home*
irlandês *from Ireland, Irish*
irmã (f) *sister*
irmão (m) *brother*
isso *that;* não por isso (Br) *not at all*
isto *this;* isto é *this is, that is*

já *immediately; presently; already;*
ever; já não (mais) *no longer;* já
está! *done!*
janeiro (m) *January*
janela (f) *window*
jantar *to dine, have the evening meal*
jantar fora *to go out for dinner*
jantar (m) *dinner, evening meal*
joalharia (f) *jewellery shop*
jogar *to play (game)*
jóia (f) *jewel*
jornal (m) *newspaper*
jovem *young*
julho (m) *July*
junho (m) *June*
junto *next to, close by*

la *you, her, it*
lá *there*
lã (f) *wool*
laca (f) *hair-spray*
lado (m) *side;* ao lado *beside*
lâmina de barbear (f) *razor-blade*
lanche (m) *snack, packed lunch*
lar de estudantes (m) *students' hostel*
laranja (f) *orange*
largo *wide*
largo (m) *square, precinct;* ao
largo *off (coast)*
lata (f) *tin, can*
lavabos (m), lavatórios (m) *public*
conveniences
lavandaria, lavanderia (Br)
(f) *laundry, laundrette;* lavandaria
a seco *dry-cleaner's*
lavar *to wash;* lavar-se *to have a*

wash
lazer (m) *leisure*
leitaria, leiteria (Br) (f) *dairy shop*
leite (m) *milk*
leito (m) *bed*
leito (m) (Br) *long-distance coach*
lembrança (f) *souvenir*
lembrar *to remind;* lembrar (-se) *to*
remember
lençol (m) *sheet (of bed)*
lente de contacto, contato (Br) (f)
contact lens
ler *to read*
leste (m) *east (also see* ler)
letra de forma (f) (Br) *capital/block*
letter
letra maiúscula de imprensa (f)
capital/block letter
levantar *to stand up, pick up;*
levantar-se *to stand up, get up; to*
get up from bed
levar *to take, carry*
leve *light (weight) (see also* levar)
lhe *(to) you, him, her, it*
lição (f) *lesson*
licença (f) *permission*
ligar *to connect*
limão (m) *lemon;* uma rodela de
limão *a slice of lemon*
limpar *to clean, wipe clean*
limpeza (f) *cleaning*
lindo *beautiful*
língua (f) *tongue, language*
linha (f) *line; platform; sewing thread*
linho (m) *linen (material)*
liso *straight, plain (no pattern)*
lista (f) *list;* lista de telefones/
telefónica, telefônica (Br) *telephone*
directory
litoral (m) *coast (land)*
litro (m) *litre*
livraria (f) *bookshop*
livre *free, vacant; for hire*
livro (m) *book*
lo *you, him, it*
local (m) *place*
localização (f) *location*
loja (f) *shop;* loja franca *duty-free*
longe *far*
longo *long*
louro *light brown, blond*

lua-de-mel (f) *honeymoon*
lugar (m) *place, space; seat*
lugar de hortaliça (m) *greengrocer's*
luva (f) *glove*
luz (f) *light*

má *bad, evil*
maçã (f) *apple*
madeira (f) *wood (material)*
madeirense *from Madeira, Madeiran*
mãe (f) *mother*
magro *thin, slim*
maio (m) *May*
maiô (m) (Br) *bathing-costume*
maior *larger*; o maior *the largest*
mais *more*; o mais *most*; mais (do)
  que *more than*; mais ou
  menos *more or less, around (a
  figure), so . . . so . . .*
mal *badly*
mala (f) *case, bag*; mala (de viagem)
  suitcase
mandar *to order; to send; to dispatch*
manhã (f) *morning*
manteiga (f) *butter*
mão (f) *hand*
mapa (m) *map*
maqueagem, maquilhagem (Br)
  (f) *make-up*
máquina (f) *machine*; máquina de
  escrever *type-writer*; máquina de
  filmar *movie camera*; máquina
  fotográfica *camera*
mar (m) *sea*
marcar *to mark; to dial; to book*
marco do correio (m) *postbox*
março (m) *March*
margarina (f) *margarine*
marido (m) *husband*
marisco (m) *shellfish*
marmelada (f) *quince paste*
marrom (Br) *brown*
mas *but*
masculino *male, masculine*
matiné (f) *matinée*
mau *bad, evil* (m)
me *me, to me, for me*
medicamento (m) *medicine*
médico (m) *doctor*
meia (f) *sock, stocking*
meia-noite (f) *midnight*

meio (m) *half*; ao meio *in half*; no
  meio *in the middle*
meio-dia (m) *midday*
melhor *better*; o melhor *the best*
melhorar *to get better*
menino (m) *young boy*
menor *smaller*; o menor *the smallest*
menos *less, fewer*; o menos *the least,
  fewest*
mensalmente *monthly*
menú (m) *menu card*
merceeiria (f) *grocer's*
mês (m) *month*
mesa (f) *table*
mesmo *same; really; right*
mesmo que *even if*
meter *to put in*
metro, metrô (Br) (m) *tube
  (underground train)*
meu *my, mine* (m)
mil *one thousand*
milhão (m) *million*
mim *(to) me*
minha *my, mine* (f)
minuto (m) *minute*
misturar *to mix*
moçambicano *from Mozambique,
  Mozambican*
moço (m) (Br) *boy, lad*
moderno *modern*
moeda (f) *coin*; moedas
  rejeitadas *rejected coins*
momento (m) *moment*
montra (f) *shop window*
morada (f) *residence*
morar *to live, be resident*
morango (m) *strawberry*
moreno *dark (skin)*
morrer *to die*
mostrar *to show*
motorista (m/f) *driver*
mudar *to change (plane, train, etc.)*
mudar-se *to move house*
muito *much; a lot of; very*
mulher (f) *woman, wife*
multa (f) *fine*
mundo (m) *world*; todo (o) mundo
  (Br) *everyone*
museu (m) *museum*
música (f) *music*

na (= em + a)

nacional *national*
nacionalidade (f) *citizenship*
nada *nothing*; de nada *not at all*;
não foi nada *not to worry, it's all right*
nadar *to swim*
nailon (m) *nylon*
não *no; not* não mais *no longer*
nascer *to be born*
nascimento (m) *birth*
Natal (m) *Christmas*
natural *natural; native*
naturalmente *naturally*
natureza (f) *nature*
necessário *necessary*
negócio (m) *business*
negro *black*
nem *nor*; nem . . . nem . . .
neither . . . nor . . .
nenhum *no, none*
neozelandês *from New Zealand, New Zealander*
neste (= em + este)
neto (m) *grandson*
ninguém *no-one*
nível (m) *level*
no (= em + o)
noite (f) *night*; boa noite *good night/evening*
noivo *engaged*
nome (m) *name*; nome completo *full name*; nome próprio *first name(s)*
nomeadamente *namely*
nono *ninth*
nora (f) *daughter-in-law*
norte (m) *North*
nós *we*
nosso *our, ours*
nota (f) *note*
notícia (f) *news*
noticiário (m) *news bulletin*
nove *nine*
novecentos *nine hundred*
novembro (m) *November*
noventa *ninety*
novo *new; young*
nublado *cloudy*
número (m) *number*
nunca *never*

o *the* (m); *you* (m), *him, it*

objecto, objeto (Br) (m) *object, item*
obrigada *thank you* (f);
obrigado *thank you* (m); muito obrigado/a *thank you very much*
obter *to obtain, get*
oceano (m) *ocean*
óculos (m) *glasses (spectacles)*
ocupação (f) *occupation*
ocupar *to occupy*
oeste (m) *West*
oferecer *to offer; to make a gift of*
oficial *official*
oitavo *eighth*
oitenta *eighty*
oito *eight*
oitocentos *eight hundred*
olá! *hello!, hi! (greeting)*
óleo (m) *oil*
oleoso *oily, greasy*
olhar *to look*; olhar por *to look after*
onde *where*
ondulado *wavy*
ônibus (m) (Br) *bus,* coach
ontem *yesterday*
onze *eleven*
óptimo *excellent*
ora *now*
ordem (f) *order*; às ordens *at your service*
ótimo (Br) *excellent*
ou *or*; ou . . . ou . . . *either . . . or . . .*
ourivesaria (f) *jewellery shop*
ouro (m) *gold*
outono (m) *Autumn*
outro *other, another*
outubro (m) *October*
ouvir *to hear, listen to*
ovo (m) *egg*

pacote (m) *packet, carton*
padaria (f) *baker's*
pagamento (m) *payment*
pagar *to pay*
pai (m) *father*
pais (m) *parents*
país (m) *country*
palavra (f) *word*
pane (f) *breakdown (car, machine)*
pão (m) *bread, loaf*
pãozinho (m) *bread-roll*

papel (m)   *paper*; papel higiénico, higiênico (Br)   *toilet-paper*
par   *even (number)*
par (m)   *pair; couple*
para   *to, for*
parabéns (m)   *congratulations; happy birthday*
parabrisas (m)   *windscreen*
parada (f) (Br)   *stop*; parada de ônibus   *bus/coach stop*
paragem (f)   *stop*; paragem de autocarros   *bus-stop*
parar   *to stop*
parcómetro, parcômetro (Br) (m)   *parking meter*
parecer   *to appear, seem*
parede (f)   *wall*
parente (m)   *relative, related person*
parque (m)   *park*; parque de estacionamento   *car park*
parqueamento (m)   *parking*
parte (f)   *part*; parte de trás   *back*; parte da frente   *front*; outra parte   *somewhere else*; toda a parte   *everywhere*
partida (f)   *departure*
partir   *to leave, depart; to break*; a partir de   *starting from*
Páscoa (f)   *Easter*
passado   *last, past*
passado: bem/mal passado   *well done/rare*
passageiro (m)   *passenger*
passagem (f)   *fare*
passagem subterrânea (f)   *subway*
passaporte (m)   *passport*
passar   *to pass, go by; to spend (time)*
passatempo predilecto, predileto (Br) (m)   *hobby*
pasta dentífrica (f)   *toothpaste*
pastelaria (f)   *cake shop*
pé (m)   *foot*; a pé   *on foot*; de/em pé   *standing*
peão (m), pedestre (m) (Br)   *pedestrian*
pedir   *to ask for*
pegar (em)   *to grasp, pick up*
peixaria (f)   *fishmonger's*
peixe (m)   *fish*
pele (f)   *skin*
pelica (f)   *kidskin*
pelo (= por + o)

pendurar   *to hang up*
pensão (f)   *boarding house*
pensão completa (f)   *full board*; meia pensão   *half board*
pensar   *to think*
pequeno   *small*
perceber   *to catch (understand)*
perder   *to lose; to miss*
pergunta (f)   *question*; fazer uma pergunta   *to ask a question*
perguntar   *to ask, enquire*
perigo (m)   *danger*
permanente   *permanent*
permitir   *to allow*
pernoite e café da manhã (Br)   *bed and breakfast*
pertencer a   *to belong to*
perto   *near*
pêsames (m)   *condolences*
pesca (f)   *fishing*
pessoa (f)   *person*; pessoas   *people*
pessoal (m)   *staff*
pior   *worse*; o pior   *the worst*
piorar   *to get worse*
piscina (f)   *swimming pool*
piso (m)   *floor, level*
planta da cidade (f)   *street plan*
plataforma (f)   *platform*
pneu (m)   *tyre*
poder   *can; may*
pois não (Br)   *please do*
polícia (f)   *police; police station*
polícia (m), policial (m) (Br)   *policeman*
ponte (f)   *bridge*
ponto (m)   *point, dot*
ponto de táxi (m) (Br)   *taxi rank*
popular   *popular; pop*
por   *for; per; a/an; by*; por causa de   *because*; por que . . . ?   *why . . . ?* por quê?   *why?*
pôr   *to put; to put on*
porque   *because*
porta (f)   *door*
porteiro (m)   *porter*
porto (m)   *port*
português   *from Portugal, Portuguese*
português (m)   *Portuguese (language)*
possível   *possible*
posso (see poder)
postal (m)   *postcard (short for* bilhete postal)

postigo (m) *service hatch*
posto de abastecimento, combustível,
  gasolina (m) *filling station*
posto de polícia (m) *police-station*
posto de socorros (m) *first aid centre*
pouco *little, few;* um pouco *a little*
pousada (f) *inn*
praça (f) *square, market place*
praça de táxis (f) *taxi rank*
praia (f) *beach; sea-side*
prata (f) *silver*
prateado *silver coloured*
prateleira (f) *shelf*
praticar *to practise*
prato (m) *plate; dish*
prazer (m) *pleasure;* muito
  prazer *pleased to meet you*
precisar *to want, need*
preciso: ser preciso *to be required*
preço (m) *price, cost*
preencher *to complete*
preferir *to prefer*
premer *to press*
prenome (m) *first name(s)*
preocupado *worried*
preparar *to prepare*
presente *present*
presente (m) *present, gift*
presunto (m) *bacon;* (Br) *ham*
pretender *to intend*
preto *black*
primavera (f) *Spring*
primeiro *first*
principalmente *mainly*
prioridade (f) *priority, right of way*
prisão de ventre (f) *constipation*
privado *private*
procurar *to look for*
professor (m) *teacher*
profissão (f) *profession, job*
proibir *to forbid*
pronto *ready*
prospecto, prospeto (Br) (m) *pamphlet*
prova (f) *proof, test;* prova de
  pagamento *proof of payment*
provar *to try (on), taste; to prove*
província (f) *Portuguese regional
  division*
próximo *next*
publicar *to publish*
puder *see* poder

puxar *to pull*

quadra (f) (Br) *block (street)*
qual *which, what*
quando *when*
quantia (f) *amount, sum*
quantidade (f) *quantity*
quanto *how much;* quantos *how
  many*
quarenta *forty*
quarta-feira (f) *Wednesday*
quarteirão (m) *block (street)*
quarto *fourth*
quarto (m) *quarter*
quarto (m) *room, bedroom;* quarto
  duplo/de casal *double room;* quarto
  individual/de pessoa só/de
  solteiro *single room*
quase *almost*
quatro *four*
quatrocentos *four hundred*
que *what, which, that, who; that
  (conjunction)*
quê *what*
quebrar *to break*
queijo (m) *cheese*
queimadura de sol (f) *sunburn*
quem *who*
quente *hot*
querer *to want, will, wish*
quilo, quilograma (m) *kilogram*
quilómetro, quilômetro (Br)
  (m) *kilometer*
quinhentos *five hundred*
quinta-feira (f) *Thursday*
quinto *fifth*
quinze *fifteen;* quinze dias *a
  fortnight*
quiosque de jornais (m) *news-stand*
quitanda (f) (Br) *greengrocer's*

rádio, aparelho de rádio (m) *radio,
  set*
rapaz (m) *boy, lad*
rápido *rapid*
raramente *seldom*
rebocador (m) *towing truck*
recado (m) *message*
receber *to receive*
receita (f) *recipe; prescription*
recomendar *to recommend*

refeição (f) *meal*; refeição ligeira *snack*
reformado *retired*
região (f) *region*
regionalmente *regionally*
regularmente *regularly*
Reino Unido (m) *United Kingdom*
relógio (m) *watch, clock*
remédio (m) *medicine*
repartição do Estado (f) *State department*
repetir *to repeat*
repor *to put back*
rés-do-chão (m) *ground floor*
reservar *to reserve, book*
resfriado (Br) *with a cold*; estar resfriado *to have a cold*
resfriado (m) (Br) *cold (health condition)*
residência (f) *residence*
responder *to answer; to reply*
resposta (f) *answer; reply*
ressalvar *to correct an error in document*
restaurante (m) *restaurant*
retrete (f) *toilet*
reunião (f) *meeting*
revista (f) *magazine*
rio (m) *river*
rodovia (f) *highway*
rolo (m) *roll*
roubar *to steal*
roupa (f) *clothes*; roupa quente *warm clothes*
rua (f) *street, urban road*
ruim *bad*
rulote (f) *caravan*

sábado (m) *Saturday*
saber *to know; to learn; can*
saber *to taste, have a flavour*
sabonete (m) *toilet soap*
saco (m) *bag, carrier-bag*
saída (f) *way out, exit; check-out*
sair *to leave, to go/come out*
sala (de estar) (f) *lounge*; sala de jantar *dining room*
salada (f) *salad*
salsicha (f) *sausage*
sandália (f) *sandal*
sanduíche (f)/(m) (Br) *sandwich*

sanduicheria (f) *sandwich-bar*
sanitário (m) *toilet*
são (*see* ser)
sapataria (f) *shoe shop*
sapateiro (m) *cobbler*
sapato (m) *shoe*
sarja (f) *denim*
satisfeito *pleased, satisfied*
saúde (f) *health*; saúde! *cheers!*
se *one, oneself; if, whether*
sé: sé catedral (f) *cathedral*
seco *dry*
secretário (m) *secretary*
seda (f) *silk*
sede, sêde (Br) (f) *thirst*
seguida: em seguida *next, then*
seguir *to go, follow*; a seguir *past, next*
segunda-feira (f) *Monday*
segundo *second*
segundo (m) *second*
seguro (m) *insurance*; seguro contra todos os riscos *comprehensive insurance*
sei (*see* saber)
seis *six*
seiscentos *six hundred*
selo (m) *stamp*
sem *without*
semáforo (m) *traffic lights*
semana (f) *week*
sempre *always*
senhor (m) *gentleman, sir; you*
senhora (f) *lady, madam; you*
sensível *sensitive*
sentar *to sit, place*; sentar-se *to sit down*
sentir *to feel*; sentir a falta *to miss*
ser *to be*
serviço (m) *service*; de serviço *on (rota) duty*
servir *to serve; to be fitting*
sessenta *sixty*
sete *seven*
setecentos *seven hundred*
setembro (m) *September*
setenta *seventy*
sétimo *seventh*
seu *your, yours, his, her, hers, its, their, theirs (m)*
sexo (m) *sex*

sexta-feira (f) *Friday*
sexto *sixth*
shampô (m) *shampoo*
significar *to mean*
sim *yes*
simpático *friendly*
simples *simple; one-way (ticket)*
sinal (m) *sign; signal*
sinto (see sentir)
só, somente *only*; não só . . . mas
  também . . . *not only . . . but
  also . . .*
só, sòzinho *alone*
sob *underneath*
sobre *on top of; upon (subject)*
sobremesa (f) *dessert*
sobrenome (m) (Br) *surname*
sobrescrito (m) *envelope*
socorro! *help!*
sofrer *to suffer*
sogro (m) *father-in-law*
soiré (f) *soirée*
sol (m) *sun*
solteiro *single*
sopa (f) *soup*
sorvete (m) *ice-cream, sorbet*
sou (see ser)
sua *your, yours, his, her, hers, its,
  their, theirs (f)*
subir *to go/come up*
suco (m) (Br) *juice*
sugerir *to suggest*
sujar *to make dirty*
sujo *dirty*
sul (m) *South*
sul-africano *from South Africa, South
  African*
sumo (m) *juice*
superfície (f) *area*
supermercado (m) *supermarket*
surfismo (m) *windsurfing*

tal *such*
talho (m) *butcher's*
talvez *perhaps*
tamanho (m) *size*
também *also, too, as well*
tanto *so much*; tanto . . . como . . .
  as/so much . . . as . . . ; tantos . . .
  como . . . *as/so many . . . as . . .* ;
  tanto . . . como . . . *both . . .*

and . . .
tão *so*; tão . . . como . . . *as/so . . .
  as . . .*
tarde (f) *afternoon/evening*; boa tarde
  good afternoon/evening
tarde *late*
tarifa (f) *rate*
táxi (m) *taxi*
teatro (m) *theatre*
tecla (f) *key (pressing)*
tecto (m) *ceiling*
Tejo (m) *Tagus*
telefonar *to telephone*
telefone (m) *telephone*
telefonista (m/f) *telephone operator*
telegrama (m) *telegram*
televisor (m) *television set*
telex (m) *telex*
tem (see ter)
temperatura (f) *temperature*
tempo (m) *time*; *weather*; a
  tempo *on time*; tempo inteiro *full
  time*; tempo parcial *part time*
tencionar *to intend*
tenda (f) *tent*
tenho (see ter)
ter *to have*; ter de/que *to have to*
terça-feira (f) *Tuesday*
terceiro *third*
terno (m) (Br) *suit*
território (m) *territory*
teto (m) (Br) *ceiling*
tinturaria (f) *dry cleaner's*
tio (m) *uncle*
tirar *to take out, off*
tirinhas (f) em tirinhas *shredded*
toalha (f) *towel; table cloth*
tocar *to touch*; *to ring; to play
  (instrument)*
todo *the whole, all; every (one)*
toilete (m) *toilet*
tomar *to take; to have (drink,
  refreshment, medicine)*
tomate (m) *tomato*
tomeense *from São Tomé*
torre (f) *tower*
trabalhar *to work*
trabalho (m) *work; job*
traga (see trazer)
transbordo, trasbordo (m) *change of
  vehicle*

transportar *to carry, transport*
tratar (de) *to treat; to deal with*
travessa (f) *serving dish*
travesseiro (m) *bolster*
trazer *to bring, carry*
treino (m) *training*
trem (m) (Br) *train*
três *three*
treze *thirteen*
trezentos *three hundred*
trinta *thirty*
troco (m) *change*; trocos *small change*
trouxe (*see* trazer)
tu *you*; tratar por tu *to use the familiar form of address*
tubo (m) *tube*
tudo *all, everything*
tunel (m) *tunnel, underpass*
turismo (m) *tourism; tourist office*

uísque (m) *whisky*
ultimamente *lately*
último *last; latest*; nos últimos dias *in the last few days*
ultrapassar *to overtake*
um *a, an; one* (m)
uma *a, an; one* (f)
úmido (Br) *humid, damp*
universidade (f) *university*
urgência (f) *emergency*
urgente *urgent*
usar *to use; to wear*
útil *useful*

vacina (f) *vaccination*
vago *vacant, available*
valor (m) *value*
varanda (f) *balcony*
vários *several*
vazio *empty*
vegetação (f) *vegetation*
vejo (*see* ver)
vela (f) *sailing (sport)*
velho *old (see also* ano)
velocidade (f) *speed*
vem (*see* vir): que vem *coming*
vencimento (m) *salary*
venda (f) *sale*
vender *to sell*
venho (*see* vir)
vento (m) *wind*

ver *to see*
verão (m) *Summer*
verde *green*
verificar *to check*
vermelho *red*
vestiário (m) *cloakroom, changing-room*
vestido (m) *dress, frock*
vestir *to put on (clothes)*
vestir-se *to get dressed*
vestuário (m) *clothes, clothing*
vez (f) *time, occasion*; às vezes *sometimes*; muitas vezes *often*; outra vez *again*; poucas vezes *seldom*
via (f) *platform*
viaduto (m) *viaduct, flyover*
viagem (f) *journey*; boa viagem *have a nice journey*
vídeo (m) *video*
vidro (m) *glass; glass window*
vinho (m) *wine*
vinte *twenty*
vir *to come*
vírgula (f) *comma*
visita (f) *visit*; visita de negócio(s) *business visit*; fazer uma visita *to pay a call*
visitante (m/f) *visitor*
visitar *to visit*
vista (f) *view*; vista local *local view*
vitrina (f) (Br) *shop window*
viúvo (m) *widower*
viver *to live*
você *you*
volta (f) *turn*; à/por volta de *around*; dar uma volta *to go for a walk/ride*
voltar *to return, go/come back*
vôo (m) *flight*; vôo doméstico *domestic flight*
vos *(to) you*
vós *you*
vosso *your, yours*
vou (*see* ir)

xerez (m) *sherry*
xícara (f) *cup* .

zero *zero, nought*
zona (f) *zone*

Index to Grammar and Problem Words

List of Topics

BEGINNER'S SPANISH

MARK STACEY and ANGELA GONZÁLEZ HEVIA

Do you really want to learn Spanish? Do classes terrify you and other coursebooks overwhelm you? Then *Teach Yourself Beginner's Spanish* is for you!

Mark Stacey and Angela González Hevia have written a friendly introduction to Spanish that's easy right the way through. It's in two parts. The first teaches you the basic grammar you'll need, with lively dialogues, explanations and vocabulary. In the second you move on to practising what you've just learnt in a range of real-life situations.

Beginner's Spanish is ideal for you because:

- Everything is explained in simple English
- There are hints throughout to make learning Spanish easy
- There's lots of information about life in Spain
- What you learn is useful right from the start
- All key words are listed in the back of the book
- Grammatical terms are avoided
- You learn the grammar without noticing it
- There's a special section on Spanish sounds

It's never difficult or boring, so you'll be able to relax and enjoy your next trip!

TEACH YOURSELF BOOKS

SPANISH

JUAN KATTÁN-IBARRA

This is a complete course in understanding, speaking and writing Spanish. If you have never learnt Spanish before, or if your Spanish needs brushing up, *Teach Yourself Spanish* is for you.

Juan Kattán-Ibarra has created a practical course that is both fun and easy to work through. He explains everything clearly along the way and gives you plenty of opportunities to practise what you have learnt. The course structure means that you can work at your own pace, arranging your learning to suit your needs.

Based on the Council of Europe's Threshold guidelines on language learning, the course contains:

- Graded units of dialogues, culture notes, grammar and exercises
- A pronunciation guide
- A Spanish–English vocabulary
- Tables of irregular verbs

By the end of the course you'll be able to take a fully active part in the everyday life and culture of Spanish-speaking people.

TEACH YOURSELF BOOKS

OTHER TITLES AVAILABLE
IN TEACH YOURSELF

☐	0 340 54322 1	**Spanish Book**	£4.99
☐	0 340 54000 1	**Spanish Book/cassette pack**	£12.99
☐	0 340 55587 4	**Beginner's Spanish Book**	£4.50
☐	0 340 55589 0	**Beginner's Spanish Book/cassette pack**	£12.99
☐	0 340 53759 0	**Spanish Grammar**	£4.99
☐	0 340 49549 9	**Business Spanish Book**	£5.99
☐	0 340 49548 0	**Business Spanish Book/Cassette pack**	£15.99

All these books are available at your local bookshop or newsagent, or can be ordered direct from the publisher. Just tick the titles you want and fill in the form below.

Prices and availability subject to change without notice.

HODDER & STOUGHTON PAPERBACKS, PO Box 11, Falmouth, Cornwall.

Please send cheque or postal order for the value of the book, and add the following for postage and packing:

UK including BFPO – £1.00 for one book, plus 50p for the second book, and 30p for each additional book ordered up to a £3.00 maximum.

OVERSEAS INCLUDING EIRE – £2.00 for the first book, plus £1.00 for the second book, and 50p for each additional book ordered.
OR please debit this amount from my Access/Visa card (delete as appropriate).

Card number ☐☐☐☐☐☐☐☐☐☐☐☐☐☐☐☐

AMOUNT £...

EXPIRY DATE...

SIGNED ....

NAME..

ADDRESS..